Julius Schwering

Franz Grillparzers hellenische Trauerspiele

Auf ihre litterarischen Quellen und Vorbilder geprüft

Julius Schwering

Franz Grillparzers hellenische Trauerspiele
Auf ihre litterarischen Quellen und Vorbilder geprüft

ISBN/EAN: 9783743425637

Hergestellt in Europa, USA, Kanada, Australien, Japan

Cover: Foto ©Thomas Meinert / pixelio.de

Manufactured and distributed by brebook publishing software
(www.brebook.com)

Julius Schwering

Franz Grillparzers hellenische Trauerspiele

Franz Grillparzers hellenische Trauerspiele,

auf ihre litterarischen Quellen und Vorbilder geprüft.

Inaugural-Dissertation

zur

Erlangung der philosophischen Doktorwürde

bei der

Philosophischen Fakultät

der

Königlichen Akademie zu Münster.

Von

Julius Schwering.

Paderborn.
Druck von Ferdinand Schöningh.
1891.

„Es stand in weiheloser Öde
Einsam ein Nachgeborner auf,
Ein gottbegnadeter Tragöde
Begann den großen Siegeslauf.
Aus der Romantik Jugendwildnis,
Wo er den ersten Kranz sich brach,
Zog ihn der ernsten Muse Bildnis
Auf vielverschlungnem Pfad sich nach.
Sie führt ihn, der ihr fromm vertraute,
In alter Sagen Dämmernis,
Ein kühner Dichter-Argonaute
Zu retten dort ihr „goldnes Vließ".
Und als nach Haus die Segel schwellen,
Umrauschen ihn auf sichrer Bahn
„Des Meeres und der Liebe Wellen"
Und „Sapphos" Schatten schwebt heran."
  Paul Heyse, Gedichte. S. 113.

I.

Sappho.

Antikisierende Jugenddichtungen. Zeit, Anlaß der Entstehung und Erfolg der „Sappho".

Franz Grillparzer war zeitlebens ein begeisterter Verehrer Thorwaldsens. Noch als Greis erinnerte er sich mit lebhafter Freude jenes Tages in Rom, da er, ein schönheitsdurstiger, achtundzwanzigjähriger Jüngling, zum erstenmal die plastischen Meisterwerke des nordischen Künstlers schaute, da er sich versenkte in die himmlische Unschuld des Ganymed, in die unbändige Kraftfülle des Herkules und in die wunderbare Formenschönheit jenes berühmten Basreliefs, welches den Triumphzug Alexanders darstellt, „dergleichen er kaum unter den Antiken gesehen hatte."[1] „Hier fand ich," so hat sich der Dichter später einmal geäußert,[2] „in der Schwesterkunst verwirklicht, was mir selbst damals auf der Höhe meines Schaffens als Ideal vorschwebte," ein Ausspruch, welcher beweist, daß sich Grillparzer der Analogie seiner eigenen künstlerischen Ziele mit denen des großen dänischen Meisters wohl bewußt war.

Wie nämlich inmitten einer romantischen Zeit Thorwaldsen ein Nachahmer der Antike, so ist Franz Grillparzer der nachgeborene Sohn einer klassischen Epoche. Aus dem reinen Quelle hellenischer Schönheitswelt hatte Thorwaldsen schon als Jüngling geschöpft, als er den Jason schuf, jenes Heldenbild der Argonautensage, deren dunkle Gestalten gerade während seiner italienischen Reise die Brust des Dichters erfüllten. Grillparzer näherte sich demselben Borne auf einem Umwege und gewann aus ihm die Kraft zu drei Tragödien. Beide, der Bildhauer und der Dichter, führen die Wirkungen ihrer Kunst auf die einfachsten Bedingungen zurück. Wie Thorwaldsen den Statuen die Ruhe wiedergab im Gegensatze zu der wilden

---

[1] Vergl. Franz Grillparzers sämtliche Werke. Vierte Ausgabe. Stuttgart 1887. Bd. XV S. 235 f.

[2] In einem Briefe vom 10. Mai 1870 an Frau Oberst von Schwarzbeck zu Graz, eine Verwandte Grillparzers, welcher ich mehrere interessante Notizen über ihn verdanke.

Beweglichkeit des Barockstils und den verdorbenen Reliefstil zu griechischer Reinheit wiederherstellte, so suchte angesichts einer verwildernden Dramatik der östreichische Dichter seine Schöpfungen der ruhigen Plastik und einfachen Schönheit des hellenischen Trauerspieles wieder zu nähern. Beiden eigentümlich ist eine geniale Darstellungsgabe des Naiven; auch in dem deutschen Dichter der „Hero" lebte etwas von homerischer Natur und entfaltete sich in Unschuld, Einfalt und Anmut. Aber die Hingabe an das antike Ideal vermochte nicht die ganze Seele des Dramatikers zu füllen. Im zwiefachen Anreiz klassischer und romantischer Elemente griff er bald zu diesen, bald zu jenen, ähnlich wie Thorwaldsen sich später mehr von der Antike abwandte und christliche Kunstwerke schuf. Aber wie man in diesen die Wärme und Innigkeit seiner Jugendschöpfungen vermißt, so reicht auch kein Drama Grillparzers an jene hinan, deren Stoff er dem hellenischen Sagenkreise entnommen hat. In ihnen begrüßen wir die schönsten Schätze seines geistigen Erbes. —

Schon in Grillparzers frühesten Dichtungen findet sich seine Hinneigung zur Antike dramatisch ausgeprägt. Diese poetischen Jugendversuche, an sich ohne größeren ästhetischen Wert, aber bedeutungsvoll für das Verständnis der dichterischen Persönlichkeit Grillparzers, weil sie uns tiefe Einblicke in sein geistiges Werden gestatten, sind zumeist in den Jahren von 1807 bis 1814 entstanden, also in einer Zeit, in welcher die romantische Richtung in Deutschland zum Durchbruche gelangte und auch schon in Östreich durch die Bemühungen der Gebrüder Schlegel Anhänger gefunden hatte. Sie sind von den verschiedenartigsten Vorbildern beeinflußt und lassen sich fast sämtlich auf Anregungen zurückführen, welche der junge Dichter aus den Werken Schillers, Goethes, Körners, Ifflands und Werners, sowie durch das Studium Shakespeares und der Italiener Alfieri, Gozzi und Metastasio empfing. Vorherrschend ist in diesen Schöpfungen der Einfluß unserer Klassiker. Die „Blanka von Kastilien", das einzige Trauerspiel, welches Grillparzer damals vollendet hat, erscheint als eine Nachahmung des „Don Carlos" und ist dabei reich an Reminiscenzen aus dem „Wallenstein" und der „Braut von Messina". Etwa seit dem Jahre 1810 ist eine Annäherung Grillparzers an Goethe bemerkbar, und dieser den Griechen so nah verwandte Geist weckte am meisten in ihm den Sinn für die reinen Formen des hellenischen Schönheitskultus. Nach dem Vorbilde des Dichters der „Iphigenie" versuchte sich sein erwachendes Talent an antiken Stoffen. Er schrieb 1810 die Fragmente „Psyche" und „Spartakus". 1811 die Anfangsverse einer Tragödie „Scylla".[1] Diese drei

---

[1] Der Vermerk: „Aus dem Italienischen übersetzt," den das Manuskript der „Scylla" trägt, berechtigt zu der Annahme, daß dieses Bruchstück bei Grillparzers Auf-

Bruchstücke sind für Grillparzers dichterische Entwicklung von Interesse. Psyches Lied von der Leda und dem Schwan kehrt in der etwa zwanzig Jahre später vollendeten Hero-Tragödie wieder,[1] und demselben Konflikt, den Grillparzer in der „Scylla" darstellen wollte, begegnen wir später in den „Argonauten". Wie nämlich die kolchische Königstochter Medea aus Liebe zu Jason, so verrät, von verbrecherischer Liebe zu dem Feinde ihres Landes, Minos, erfüllt, die megarische „Scylla" Vater und Vaterstadt.[2] Beachtenswerter noch erscheint der „Spartakus", in welchem der Dichter den Zeitgedanken ergreift und die Geschichte der Erhebung jenes kühnen thrazischen Fechters gegen die römische Gewaltherrschaft zum lebensvollen Vorbilde der Freiheitsbewegung deutscher Nation gegen die französische Unterdrückung erweitern will. Das Stück hat noch manche jugendliche Auswüchse und Verzerrungen. So läßt z. B. der Dichter eine Vertreterin der römischen Bedientenplebs, die Amme der Kornelia ähnlich wie die Amme in Shakespeares „Romeo und Julie" reden. Dagegen zeigt der Dialog an anderen Stellen Adel und Kraft, und das Pathos flutet auf den weichen Wogen einer edlen Rhythmik dahin. Im „Spartakus" kündigte sich der Dichter der „Sappho" bereits an. Ein Fortschreiten in dieser Richtung mußte ihn zu Schöpfungen wie seine erste hellenische Tragödie führen. Noch aber vermochte sich sein unruhig gärender Geist an die strenge Einfachheit der antiken Tragödie nicht zu binden. Zwar studierte Grillparzer noch im Jahre 1813 (als Conceptionspraktikant an der k. k. Hofbibliothek) die griechischen Klassiker;[3] aber was er hier im Wissen säete, ging ihm erst später als dichterische Frucht im Können auf. Vorerst griff er wieder in andere Stoffkreise und schloß sich an andere Muster an, und mächtiger als der geistige Umgang mit den Hellenen wirkte auf ihn die Bekanntschaft mit den Werken Calderons, welche A. W. Schlegels Übersetzung vermittelte.[4] Sie übte auf ihn eine ähnliche Wirkung wie die Wielandsche Shakespeareübersetzung auf den jungen

---

enthalt in dem Hause des Grafen Joseph von Seilern entstanden ist. Der Dichter erzählt nämlich in der Selbstbiographie (Werke Bd. XV S. 50), „er habe damals alle seine poetischen und dramatischen Brouillons als Übersetzungen bezeichnen müssen, da jedes Zeichen eines eigenen poetischen Talentes den Grafen in seiner Meinung, daß Grillparzer ein Jakobiner sei, bestärkt haben würde." Damals verfaßte er auch die Fragmente: „Alfred der Große" und „die Pazzi", welches letztere ebenso wie „die Rosamunde" (S. Werke Bd. X S. 115—121) der Lektüre der Tragödien »La congiura dei Pazzi« »Rosamunda« von Vittorio Alfieri seine Entstehung verdankt.

[1] Vergl. Werke Bd. X S. 138 und VI S. 36. 49. 70.
[2] Die Verlockung der Scylla durch einen goldenen Schmuck findet sich nur bei Äschylus (Choephoren 613 ff.).
[3] Werke Bd. XV S. 58.
[4] Spanisches Theater. Herausgegeben v. Aug. Wilh. Schlegel, Berlin. 1803—9 II. Bd.

Schiller. Dieser begeisterte sich, wie „die Räuber" bezeugen, für den „großen britischen Seelenmaler", und Grillparzer wurde von Bewunderung erfüllt für den Fürsten der spanischen Dramatiker. Er erlernte schnell die Sprache Calderons, las dessen Werke im Original und übertrug alsbald den größten Teil des ersten Aktes von „das Leben ein Traum" ins Deutsche.[1] Die bunte, fremdartige Welt des spanischen Dichters, die Fülle seiner Phantasie, sein mystischer Tiefsinn, der magische Glanz seiner Schilderungen und der melodische Klang seiner Verse berauschten die glühende Einbildungskraft des Jünglings. Vor der Pracht der farbenschimmernden spanischen Bühnenbilder traten alle anderen Muster einstweilen zurück. Und als im Herbst 1816, wo Calderons „Andacht zum Kreuz" mächtig auf ihn eingewirkt hatte, der schöpferische Drang in Grillparzers Seele wieder erwachte, legte seine Muse das spanische Kostüm an und redete in den vierfüßigen Trochäen Calderons. Das berühmte Gespensterstück „die Ahnfrau" ist damals entstanden.[2]

Der Erfolg dieses Trauerspiels, welches am 27. Januar 1817 im Theater an der Wien aufgeführt wurde, war ein außerordentlicher. Mit einem Schlage gelangte der Name des damals sechsundzwanzigjährigen Dichters zu hohem Ruhme. Aber die Kritik flocht bald scharfe Dornen in seinen ersten Lorbeer. Die „Ahnfrau" gehört bekanntlich zu jener Gattung der Schicksalstragödien, welche durch die blinde Nachahmung Calderons und der antikisierenden „Braut von Messina" auf den deutschen Theatern bereits heimisch geworden waren. „Heinrich von Kleist in der „Familie Schroffenstein", Adolf Müllner mit seinen Trauerspielen „der neunundzwanzigste Februar" und „die Schuld", Zacharias Werner mit dem Gegenstück „Der vierundzwanzigste Februar" und Ernst von Houwald mit den sentimentalen Tragödien „der Leuchtturm" und „das Bild" sind ihre bekanntesten Vertreter. Auf die bedenkliche Bahn dieser Schicksalstragiker hatte sich Grillparzer verirrt. Auch in seiner Tragödie waltet ein Fatum in der Gestalt eines romantischen Gespenstes. Es ist derselbe Popanz wie in den Dramen

---

[1] Werke VIII S. 259.

[2] In den Motiven der „Ahnfrau" läßt sich Calderons Einfluß deutlich erkennen. So ist die Scene, in welcher Jaromir trotz Berthas Bitten und Gegenvorstellungen sich des Dolches, womit die „Ahnfrau" einst getötet worden, zu seinem Unheil bemächtigt (Werke Bd. III S. 87 f.) einer ähnlichen Situation in Calderons „Eifersucht das größte Scheusal" nachgebildet. Dort zeigt der Tetrach von Jerusalem seiner Gattin Marianne, welche er einer Prophezeihung nach mit eigener Hand umbringen sollte, den vom Schicksal zum Werkzeug dieses Mordes bestimmten Dolch, und, wie Bertha in der „Ahnfrau", schaudert Marianne vor der verhängnisvollen Waffe zurück. Vergl. »El mayor monstruo los zelos« I Akt 1 Scene in Calderons Werken herausgegeben v. J. J. Keil, Leipzig 1827 Bd. I S. 426 7.

Werners und Müllners, nur mit reicheren poetischen Gewändern umkleidet.[1] Die Kritik war daher in ihrem Rechte, wenn sie gegen diesen fatalistischen Mummenschanz Einspruch erhob, im Unrecht, insofern sie darüber Grillparzers hohe dichterische Befähigung verkannte und ihn angriff, „wie man einen aufgeblasenen Thoren angreift" — um seine eigenen Worte zu gebrauchen — „der in seinem Trauerspiel ein Meisterwerk geliefert zu haben glaubt, jeden Tadel zurückweist und daher Züchtigung verdient". Auf alle diese Schmähungen hat Grillparzer in keinem Litteraturblatte geantwortet. Sein Freund, der Dramaturg des Burgtheaters Joseph Schreyvogel, nahm ihn gegen seine Widersacher in Schutz; er selbst hat, getreu seinem Grundsatz, daß „der Sänger nicht im Harnisch gehen dürfe"[2] keine Lanze für das befehdete Kind seiner Muse gebrochen. Trotzdem beweisen die Erwiderungen, welche er niederschrieb, um sie dann unbenutzt im Pulte liegen[3] zu lassen, daß er ein feines Ohr für Lob und Tadel hatte und es nicht verschmähte, die Gründe, welche seine Gegner wider ihn ins Feld führten, zu prüfen. Die Fehde gegen die „Ahnfrau" veranlaßte ihn zu einer gründlichen Revision seiner ästhetischen Theorie, und zwar führte ihn die Streitfrage über die Berechtigung eines Fatums in der Tragödie[4] auf die griechischen Dramatiker zurück. Er schrieb zwei Abhandlungen: „Vom Schicksal" und „Über die Bedeutung des Chores in der alten Tragödie" sowie mehrere ästhetische Aphorismen.[5] Ein billig wägendes Urteil wird an dieselben nicht den Maßstab anlegen, welcher durch den geistigen Fortschritt von mehr als sieben Jahrzehnten gewonnen ist. Unter dem Einfluß einer Zeitepoche stehend, durch welche ein fatalistischer Zug geht, übersieht Grillparzer den Unterschied, welcher zwischen dem großen, gewaltigen Schicksal der Griechen, von welchem Schiller im „Schatten Shakespeares" ausruft, daß „es den Menschen erhebt, wenn es den Menschen zermalmt" — und dem kläglichen Familienspuk besteht, der in der „Ahnfrau" und in Müllners „Schuld" herrscht.[6] Er räumt nicht

---

[1] Vergl. Johannes Volkelt „Franz Grillparzer als Dichter des Tragischen", Nördlingen 1888 S. 151 ff. Gegenteiliger Ansicht sind Robert Zimmermann in den „Studien und Kritiken zur Geschichte und Ästhetik" Bd. II S. 53 ff.; ferner Viktor Terlitza in „Grillparzers Ahnfrau und die Schicksalstragödie." Bielitz 1883.

[2] Vergl. Jugenderinnerungen im Grünen. Werke Bd. I S. 75.

[3] Werke Bd. XI S. 177 u. 179, Bd. XIV S. 212 ff.

[4] Vergl. den Aufsatz von A. Silas „Vor vierzig Jahren in der Theaterzeitung", hrsg. v. Bäuerle, Wien 1867 Nr. 25; Wiener Zeitschrift für Kunst, Litteratur, Theater und Mode, hrsg. v. Josef Schickg. Jhrg. 1817 Nr. 11. 24. 27 f. 45; „Sammler" (Wiener Unterhaltungsblatt) Jhrg. 1817 Nr. 20; Gesellschafter, hrsg. v. F. W. Gubitz, Berlin 1817 Nr. 101. Ein Auszug aus dieser Nummer findet sich in dem Werke „Erlebnisse" v. F. W. Gubitz, Berlin 1868 Bd. II S. 3 f.

[5] Werke Bd. XII S. 192 ff. und Bd. XIV S. 3 f.

[6] Werke Bd. XII S. 196.

ein, daß in den streng geschlossenen Kreis des modernen Dramas kein Eingreifen einer übernatürlichen Welt erfolgen darf, daß hier die Schicksale die notwendigen Folgen der Handlungen, diese die notwendigen Folgen der Leidenschaften, diese die notwendigen Folgen der Charaktere sein müssen, sondern gesteht nur zu, daß ein sogenanntes Fatum in der modernen Tragödie „zur Maschine werde, zu einer schwer zu behandelnden, vorsichtig zu gebrauchenden Maschine."[1] Glücklicher Weise hat in dieser Hinsicht der Dichter Grillparzer später den Ästhetiker Grillparzer verbessert.

In anderer Hinsicht jedoch wirkte das Studium der hellenischen Dramatik läuternder auf seine Kunstanschauungen. Die Betrachtung der alten Meisterwerke trug viel dazu bei, seine Vorliebe für effektreiche Stoffe, welche durch die Lektüre der „spanischen Mantel= und Degenstücke" genährt worden war, seine Lust an grellen Farben und schauerlichen Kontrasten, die sich in der „Ahnfrau" noch kraftgenialisch äußert, mehr und mehr zu unterdrücken. Es kam ihm wieder klar zum Bewußtsein, daß Einfachheit die Signatur des wahren Genius ist, und daß gerade auf diejenigen Kunstwerke die reichsten Kränze der Nachwelt sinken, in denen sich ihre Schöpfer weiser Selbstbeschränkung und allseitiger Maßhaltung befleißigen. Grillparzer beschloß, um seinen Gegnern zu zeigen, daß er nicht nur „mit Räubern, Gespenstern und Knalleffekten," sondern „durch die bloße Macht der Poesie Wirkungen hervorzubringen imstande sei,"[2] für die nächste Tragödie den möglichst einfachen Stoff zu wählen. In der Ausgestaltung desselben wollte er das aus der Antike geschöpfte Formgesetz, das Gesetz ebenmäßiger Schönheit und Abrundung in jeder Hinsicht walten lassen. Aber dieser einfache Stoff wollte sich nicht finden. Der Streit um die „Ahnfrau" hatte Grillparzers Schaffensfreude verkümmert. „Mein Gemüt war verbittert," schreibt er in der Selbstbiographie; „ich merkte wohl, daß ich als der letzte Dichter in eine prosaische Zeit hineingekommen sei."[3]

Nichts kennzeichnet besser die Stimmung, aus welcher Grillparzers nächste Tragödie geboren wurde, als dieses Geständnis. Grillparzer war eine jener weichen und zart fühlenden Naturen, welche im Schatten des Leides verkümmern und dahinsiechen, aber sich aufrichten und die schönsten Blüten treiben, wenn der Sonnenstrahl des Glücks ihr Leben erwärmt und erleuchtet. Wie Jean Racine so hatte auch er Zeiten eines leidverschonten Sichauslebens notwendig, um seine Gaben voll zu entfalten. Und gerade er mußte des Lebens rauhe Hand schon in seiner Jugend fühlen. Er, auf dessen Schultern nach des Vaters Tode die Arbeit für die Existenz seiner

---

[1] Werke Bd. XII S. 195.
[2] Werke Bd. XV S. 72.
[3] Werke Bd. XV S. 72.

ganzen Familie lastete, stand unter dem Drucke materieller Sorgen, hatte den unerquicklichen Kampf mit dem Leben zu führen, als sein Genius zuerst die Schwingen regte. In dem ärmlichen Mansardenstübchen der am „Nord= ende des tiefen Grabens" gelegenen Wohnung seiner Mutter — „im Elend" nannte das Volk die Stätte — schuf er die „Ahnfrau". Der Triumph, welchen er mit diesem Werke errang, hob seine Seele, welche „der geistigen Zuneigung anderer bedurfte, wie der Luft, zu atmen."[1] Als aber dann die heftigste Anfeindung folgte, als er sich den rücksichtslosen Angriffen einer seine Absichten verkennenden Kritik ausgesetzt sah, da wurde seine leicht ver= letzbare, gegen niederen Tadel in ihrem Selbstgefühl sich aufbäumende Natur tief gekränkt. Schmerzlich fühlte er sich von dem Widerstand der stumpfen Welt betroffen und er fing an, den Lorbeer wie einen Dornenkranz, die Poesie wie ein geistiges Matyrium zu empfinden. Zur Entwicklung dieser krankhaften Auffassung seines Dichterberufes trug nicht wenig die Art seiner poetischen Begabung bei. Sein Talent hatte etwas Dämonisches; wie ein Fieber überfiel ihn die dichterische Begeisterung, und fast willenlos wurde er von ihr fortgerissen. So unfrei erschien dann sein Ich, daß man zu= weilen das Gefühl erhielt, nicht er dichtete, es dichtete in ihm. Für die wirkliche Welt war er in solcher Zeit wie verloren, so völlig eingesponnen war er in seine poetischen Träume. — Grillparzer sah daher in der Poesie eine dem Leben entfremdende Macht. Der Dichter erschien ihm durch eine Kluft von der übrigen Menschheit getrennt. Er betrachtete ihn als einen Auserwählten, dessen Weihe und volle künstlerische Ausgestaltung nur in Einsamkeit und Entsagung möglich, dem es bestimmt sei, den farbenbunten Träumen der trügerischen Phantasie nachzujagen und „dem Genusse des Wirklichen um des holden Scheines willen zu entsagen."[2]

Diese pessimistische Auffassung des Dichterloses ist übrigens der Epoche eigentümlich, in der Grillparzer schrieb. Lord Byrons dichterisches Gestirn stand damals im Zenith seines Ruhmes. Die theatralisch=melancholische Gestalt des britischen Dichters machte einen tiefen Eindruck auf die Gemüter, und die Legende, daß der Schmerz das Stigma des Genius, daß die Gabe der Musen, die edelste Mitgift strebender Geister, eine Quelle der Leiden und des Fluches sei, diese Legende, für welche der pessimistische Lord im Leben und in der Poesie eintrat, wie nach ihm Heine, Lenau, Musset und so viele andere, hatte damals schon in den litterarischen Kreisen Deutschlands Gläubige gefunden. Es wurde ein Lieblingsthema der Dichtung, den Genius im Zwiespalt mit dem Leben darzustellen. Grillparzer war dieses Problem schon damals in mehreren Werken entgegengetreten. Vielleicht kannte er

---

[1] Werke Bd. XV S. 192.
[2] Vergl. das Gedicht „Der Bann" in den Werken Bd. I S. 30 f.

schon die von Byron im Frühjahr 1817 bei einem Besuche Ferraras gedichtete glutvolle „Klage Tasso's". Sicher ist, daß der „Tasso" Goethes und die „Corinna" der Frau von Staël einen tiefen Eindruck auf ihn gemacht haben.[1] Von dem klassischen Seelendrama unseres Altmeisters war Grillparzer als Jüngling so begeistert worden, daß er „in jeder Rede" desselben sich und seine Gefühle wieder zu finden glaubte;[2] er las es wieder und wieder und stellte noch im Jahre 1817 Betrachtungen über den Dialog des Stückes an.[3] Auch die „Corinna", die „femme supérieure", welche den Lorbeer mit der Myrte vereinen zu können glaubt und zu spät ihren unheilvollen Irrtum erkennt, zog ihn damals lebhaft an,[4] und es ist kein Zufall, daß ihr die antike Frauengestalt, welche Grillparzer zur Heldin seiner nächsten Tragödie wählte, wahlverwandt erscheint.

Es ist Sappho, die lesbische Dichterin. Wie Grillparzer die Anregung zu diesem Trauerspiel empfing, hat er selbst erzählt.[5] Ein Wiener Kunstfreund Dr. Joël machte ihm am 30. Juni 1817 während eines Abendspazierganges nach dem Prater im Auftrag des Komponisten Weigl den Vorschlag, für diesen einen Operntext zu schreiben. Vielleicht bekannt mit dem im Jahre vorher im Berliner Opernhause aufgeführten Monodram „Sappho" von Gubitz, welches auch in Wien einige Beachtung gefunden hatte,[6] rühmte er die Sage von Sapphos Tod als passenden Vorwurf für ein Libretto. Grillparzer aber erkannte sofort darin den Stoff für ein Trauerspiel, und noch an demselben Abend, während er in den dunklen Prateranen lustwandelte, ist ihm nach seiner eigenen Versicherung die Komposition des Dramas aufgegangen. Dann hat er in dem kurzen Zeitraum vom 1. bis zum 25. Juli — noch an zwei Tagen durch Krankheit in seinem Schaffen unterbrochen — die Tragödie „Sappho" vollendet.[7] Gegen

[1] Vergl. Werke Bd. XV S. 150.
[2] Vergl. die Vorrede zu den Werken p. XXIV.
[3] Werke Bd. XIV S. 120.
[4] XIV S. 60.
[5] Werke Bd XV S. 72 f.
[6] Sappho, Monodrama von F. W. Gubitz, in Musik gesetzt von B. A. Weber. Berlin 1816. Ich fand Näheres darüber in Gubitz' „Erlebnissen" Bd. II S. 71.
[7] Diese Daten trägt das Manuskript der „Sappho". Die Selbstbiographie verlegt die Abfassung des Trauerspiels in den Anfang des Herbstes 1817 (Werke Bd. XV S. 72), widerspricht aber dieser Angabe thatsächlich durch die Erwähnung des Umstandes, daß die Entstehungszeit des Stückes mit Schreyvogels Abwesenheit von Wien zusammenfalle (S. 74). Letzteres trifft nämlich nur dann zu, wenn „Sappho" im Juli geschrieben ist, während Schreyvogel sich in Deutschland aufhielt. Im Spätsommer nach Wien zurückgekehrt, fand er sie vollendet vor. Vergl. die Briefe Joseph Schreyvogels an C. A. Böttiger, aus der Dresdener Hofbibliothek mitgeteilt von G. A. Lier in Nr. 6787 der „Neuen Freien Presse" v. 20. Juli 1883.

Ende August legte er das Manuskript derselben seinem treuen Freunde und Berater Joseph Schreyvogel vor,[1] welcher das Stück am 21. April 1818 im Burgtheater zur Aufführung brachte. Dort errang es, gehoben durch das herrliche Spiel der berühmten Tragödin Sophie Schröder,[2] einen glänzenden, aber nicht nachhaltigen Erfolg.[3] Auch auf außeröstreichischen Bühnen ist Sappho bald darauf gegeben worden.[4] In Buchform erschien sie i. J.

---

[1] Schreyvogel berichtet darüber an Böttiger in Dresden: „Grillparzer habe ich Ihren Gruß bestellt. Seine neue, zur Aufführung fertige Tragödie heißt Sappho. . . . . . Ich habe Müllnern eine Abschrift versprochen und denke sie über Dresden zu schicken, damit Sie das Stück lesen können. Es ist viel manierlicher als die „Ahnfrau": vielleicht mehr als gut ist. Der Verfasser wollte sich in gewissen Schranken halten, die seiner Natur widerstreben: aber daß er ein Dichter ist, wird man auch daraus sehn". Brief v. 26. September 1817 in der „Neuen Freien Presse" v. 20. Juli 1883.

[2] Über Sophie Schröder als Sappho i. „Die Aufzeichnungen des schwedischen Dichters P. D. A. Atterbom". Aus dem Schwedischen übersetzt v. Franz Maurer. Berlin 1867 S. 193/4; ferner Friedrich Rückert, ein Lebens- und Charakterbild v. Prof. Dr. E. Beyer. Frankfurt 1888 S. 75. Ein interessantes Werk über die berühmte Schauspielerin schrieb ihr Schwiegersohn Dr. P. Schmidt: „Sophie Schröder, wie sie lebt im Gedächtnis ihrer Zeitgenossen und Kinder". Wien 1869. Vergl. auch die Gedichte „Die Spur der Mutter" und „Sophie Schröder" v. Wilhelm Smets, einem Sohne der Schauspielerin (Gedichte. Aachen 1824 S. 84 ff.).

[3] Die Biographen Grillparzers verschweigen diese Thatsache. „Alle Welt war von der ‚Sappho' entzückt" sagt Laube. (S. Franz Grillparzers Lebensgeschichte, Stuttgart 1884 S. 27.) In seinem Werke „Das Burgtheater", ein Beitrag zur deutschen Theatergeschichte, Leipzig 1869 S. 121 fand ich dagegen die Notiz, daß der Besuch des Publikums bei den Aufführungen der „Sappho" und „Medea" sehr schwach gewesen sei. „Die Kassenbücher zeigen von solchen Abenden die geringfügigsten Einnahmen, wie sie in den fünfziger und sechziger Jahren nur bei durchgefallenen Stücken oder in heißen Sommermonaten vorkamen."

[4] Schon vor der Inscenierung der „Sappho" im Burgtheater haben mehrere deutsche Bühnenleiter mit Schreyvogel über das Recht der Aufführung des Stückes unterhandelt. Schreyvogel hatte dem Hofrat Böttiger in Dresden eine Abschrift des Trauerspiels zugeschickt, und dieser hatte dasselbe dem Grafen Edling, dem Direktor der Weimarer Bühne, vorgelesen, welcher das Recht der Wiedergabe um 6 Dukaten erstand. Auch die Leitung der Dresdener Hofbühne versprach sofort, das Stück zu inscenieren, und ließ durch Böttiger 10 Dukaten an den Autor zahlen. (Vergl. die Briefe Böttigers an Schreyvogel, abgedruckt bei Emil Kuh, zwei Dichter Östreichs: Franz Grillparzer und Adalbert Stifter, Pest 1872. S. 261/4.) Auch empfing Grillparzer durch Böttiger ein anerkennendes Schreiben vom Grafen Moritz Paul Brühl, welcher seit Jfflands Tode General-Intendant der königlichen Schauspiele zu Berlin war. Dieser Brief des kunstsinnigen Mannes wurde mir für die vorliegende Arbeit von Frau Oberst von Schwarzbeck zur Verfügung gestellt, und ich lasse ihn hier folgen: „Hochverehrter Herr! Bei meiner Anwesenheit in Dresden ist mir Ihr neuestes Trauerspiel ‚Sappho' durch den Herrn Hofrat Böttiger im Manuskript mitgeteilt. Ich habe dasselbe gelesen und bin von dem Inhalt der Dichtung so ergriffen, daß ich beschlossen habe, sie ohne Säumen zur Aufführung zu bringen. Gleichwie in Goethes Iphigenie man den griechischen Tragödien-

1819 bei Wallishauser in Wien und erlebte bis zum Jahre 1822 drei Auflagen. Sie ist mehrfach übersetzt und parodiert[1] und fand von seiten der damaligen Kritik die verschiedenartigste Beurteilung. Die Romantiker mit Ausnahme Eichendorffs,[2] ihres „letzten Ritters" brachen über sie, wie überhaupt über alle Dramen Grillparzers, den Stab. Ihr Philosoph Solger nannte sie „eine Fratze"[3] und ihren Verfasser einen Dichter für Karaiben; Heinrich Steffens bezeichnete sie als eine „Karikatur von Schiller."[4] Dagegen spendete bekanntlich der Chorführer des jungen Deutschlands, Ludwig Börne, dessen Feder gefürchtet war wegen ihrer schonungslosen Härte, dem Dichter glühendes Lob,[5] und Lord Byron, auf dessen Urteil in ästhetischen

dichter nicht verkennt, so habe ich auch in Ihrer ‚Sappho' denselben wiedergefunden, und es wird mit zu meinen schönsten Pflichten gehören, dem größeren Publikum recht bald den Hochgenuß bereiten zu können, den ich schon beim Lesen gehabt habe."

[1] Guido Sorelli übersetzte sie ins Italienische »Saffo«, Tragedia, Firenze 1819. Zwei Jahre später erschien eine französische Übersetzung: »Sappho, tragédie en 5 actes et en vers, trad. de l'allemand par de L...« Paris 1821. 12 L. Rabbek übertrug sie ins Dänische: »Sappho, Sörgespil af Grillparzer«, Kjobenhavn 1819. Ferner existieren drei englische Übersetzungen: »Sappho a Tragedy by Fr. Grillparzer«. London 1822. — Sappho a Tragedy by Fr. Grillparzer translated by L. C. C. (Edinburg 1855). — Sappho a Trag. by Fr. Grillparzer transl. by E. Middleton. New-York 1858. Gabriel Pap übertrug die Sappho ins Ungarische, und in seiner Übersetzung wurde sie am 17. Januar 1824 zu Klausenburg aufgeführt. (Vergl. Dr. Constant. v. Wurzbach, Franz Grillparzer, Wien 1871 S. 20.) Eine Parodie der „Sappho" schrieb der bayrische Schriftsteller Adolf v. Schaden „die moderne Sappho". Ein musikalisch = dramatisches Durcheinander ohne Sinn und Verstand. Leipzig 1819. (Vergl. Haller Litteraturzeitung 1819 Nr. 159); eine zweite der Leipziger Schauspieler P. Berthold, Sappho oder der leukadische Fels, Leipzig 1823. — Den größten Beifall fand das im Winter 1818 zu Wien im Theater in der Josephstadt aufgeführte Melodram „Seppherl", dessen Verfasser wahrscheinlich der damals sechzehnjährige Ludwig Harlisch ist. (Vergl. Nr. 130 des „Sammlers" v. J. 1818.)
[2] Freiherr v. Eichendorff, Zur Geschichte des Dramas, Paderborn 1866 S. 163.
[3] Vergl. Ludwig Solgers nachgelassene Schriften und Briefwechsel, herausgegeben v. Ludwig Tieck u. Friedrich Raumer, Leipzig 1826, Bd. I S. 653 ff.
[4] Heinrich Steffens „Was ich erlebte", Breslau 1845, Bd. IX S. 335 ff.
[5] Ludwig Börnes gesammelte Schriften, Wien 1868 Bd. V S. 3—11. Aufsehen erregte s. Z. auch die lobende Recension v. Baron v. Malsburg, „dem Poetenvater", wie Heyse ihn getauft hat. S. die Zeitschrift „Hermes" v. Jahrg. 1819 III 32 f. — Nicht bekannt dürfte den meisten Verehrern Grillparzers das abfällige Urteil Carmen Sylvas über „Sappho" sein: „Meine Sappho schrieb ich aus Zorn über Grillparzer, weil ich fand, daß auf eine so gewaltige Natur, wie die der Sappho, auch eine gewaltigere, edlere Leidenschaft wirken müsse. Anstatt aus ihr etwas Hochedles zu gestalten, eine kämpfende und geistig leidende Frauengestalt, glaubte man das Recht zu haben, sie gemein zu machen. Nur für ein Liebesabenteuer sich ins Meer zu stürzen, kam mir unwürdig vor... Es ist überhaupt charakteristisch für mich, daß ich die sinnliche Liebe nicht als das Hauptmotiv aller Handlungen ansehen kann." Vergl. Natalie von Stackel=

Dingen selbst Goethe Gewicht legte, verkündete Grillparzer, als er dessen „Sappho" in Guido Sorellis italienischer Übersetzung gelesen hatte, das Gedächtnis der Jahrhunderte.[1]

berg. Aus Carmen Sylvas Leben, Heidelberg 1889 S. 238. — Als stilistisches Kuriosum möge hier eine Stelle aus der Recension der „Sappho" von Julian Schmidt folgen: „Freilich ist die Idealität mehr im Kostüm als in der eigentlichen Handlung. Eine ältere, geistreiche Frau liebt einen jüngeren, unbedeutenden Mann, bis dieser sich der Natur getreu von dem ungleichen Bande löst. Das Weitere ergiebt sich von selbst. Der Sprung ist mehr Kostüm und war ohnehin in der ‚Wanda' schon vorweggenommen." (?!) (Vergl. Charakterbilder aus der zeitgenössischen Litteratur, Leipzig 1875, S. 224.)

[1] „Grillparzer — ein verteufelter Name wahrhaftig für die Nachwelt; aber sie müssen's lernen, ihn auszusprechen" u. s. w. Vergl. Briefe und Tagebücher des Lord Byron mit Notizen aus seinem Leben von Thomas Moore. Aus dem Englischen. Braunschweig 1832 Bd. IV S. 46 ff. — Thomas Carlyle fand in der Sappho „einen hohen Grad von Anmut und Einfachheit, Politur und gutem Geschmack, wie man ihn von dem Verfasser der „Ahnfrau" nicht erwarten sollte." Vergl. den Aufsatz „Deutsche Dramenschmiede" in Carlyles ausgewählten Schriften (Deutsch v. A. Kretzschmar), Leipzig 1855. — Der Engländer Robinson nannte „Sappho" eine „widerwärtige Tragödie". (Ein Engländer über deutsches Geistesleben im ersten Drittel dieses Jahrhunderts. Aufzeichnungen des Henry Crabb-Robinson. Deutsch von Karl Eitner, Schaffhausen 1871 S. 313.

II.

Quellen und Fabel der „Sappho".

Ich trete nunmehr einer Würdigung des Stückes näher. Was der Stoff dem Dramatiker geboten, und was dieser unter Benutzung älterer Bearbeitungen des Stoffes und verwandter Dichtungen aus demselben geschaffen hat, hat zunächst die Betrachtung zu scheiden.

Das Bild, welches Grillparzer von der lesbischen Dichterin entwirft, ist kein historisches, sondern ein sagenhaftes. Zwar ist Sapphos Leben, soviel sich darüber mit Gewißheit ermitteln läßt,[1] nicht ohne poetische Züge. Ihr Haus, die Pflegstätte musischer Bildung, wo sie ihre Schülerinnen um sich versammelte, ihre Beziehungen zu Alcäus, dem gleichstrebenden Dichterfreunde,[2] ihre Flucht aus der Vaterstadt Mitylene, zu welcher politische Wirrnisse sie nötigten, ihre Rückkehr nach der geliebten Heimat, in welcher sie ein Grab fand — das alles bietet einer schöpferischen Dichterkraft nicht unbedeutende Motive. Aber nicht diese hat Grillparzer benutzt. Seine Sappho ist die Heldin jenes bekannten romantischen Märchens, welches ihre unglückliche Liebe zu Phaon zum Gegenstande hat. . . . Der Entstehungsgeschichte dieser Fabel bis in ihre Einzelheiten nachzugehen, ist nicht meine Aufgabe. Nur soviel sei erwähnt, daß Sapphos Lieder, in denen sich ihr tiefstes Denken und Fühlen freimütig ausspricht, von den athenischen Komödiendichtern in frivoler Weise gedeutet wurden, daß diese die erotischen Geständnisse der Sappho benutzten, um, wie Bernhardy sagt, „ein Gewebe dramatischer Liebschaften" mit dem Namen der großen Lesbierin zu ver-

---

[1] Vergl. F. W. Richter, Sappho und Erinna, Leipzig 1833. F. W. Welckers Aufsatz „Sappho von einem herrschenden Vorurteil befreit". S. Kleine Schriften, Bonn 1845 Bd. II S. 81 ff. Hermann Köchly „Über Sappho" (Akademische Vorträge und Reden, Zürich 1859 S. 153 ff.). Ferner Schöne, Untersuchungen über das Leben der Sappho, Leipzig 1867.

[2] Theodor Bergk, Poetae lyrici Graeci, Leipzig 1853. Alcaeus 55 [41. 42] und Sappho 29 [61].

zieren.¹ Den Bürgern der Ilissusstadt, zu welchen Euripides über die Frauen sprach:

> „Die Kluge haß' ich: unter meinem Dache soll
> Kein Weib verweilen, klüger als es Frauen ziemt"²

war Sappho, welche als Verfasserin erotischer Lieder aus dem beschränkten Kreise frauenhaften Wirkens heraustrat, ein willkommener Gegenstand des Spottes. Die jonische Sängerin wurde eine der beliebtesten Lustspielfiguren der attischen Bühne. Wir kennen sechs Litteraturkomödien, deren Titelheldin Sappho ist,³ und eine, welche den Namen Phaon trägt.⁴ Die Dichterin erscheint in ihnen als eine gealterte Schöne, die von heftigster Liebe zu Phaon ergriffen ist, einem alten, durch Aphroditens Schönheitssalbe verjüngten, die Frauen und Mädchen zur Liebe reizenden Fährmann. Im Schmerz über ihre unerwiderte Neigung zu ihm stürzt sich Sappho vom leukadischen Felsen, welchem die Sage Heilkraft gegen Liebesschmerzen zuschrieb, ins Meer.

Diese nichts weniger als sentimentalen Erfindungen der athenischen Komödiendichter hielt das spätere Altertum fest. Es entkleidete sie jedoch allmählich ihrer ursprünglichen Komik und gab der Lustspielpointe eine ernste Auslegung. Wo wir die Gestalt der lesbischen Sängerin fortan in Kunstwerken und Dichtungen antreffen, ist sie von elegischer Weihe umflossen. So auch bei Grillparzer. Die Sage bot ihm außer dem Charakter der Sappho, für dessen Auffassung er einige Anhaltspunkte in den Fragmenten ihrer Lieder fand, die Figur des Phaon, ein Motiv, die Liebe der Dichterin, und die Katastrophe, den Sprung vom leukadischen Felsen. Der Stoff gehört also zu jenen, welche den Dichter weniger reizen durch das, was sie ihm entgegenbringen, als vielmehr durch das, was sich in sie hineinlegen läßt. Die dichterische Behandlung kann dem Thema die verschiedenartigsten Seiten abgewinnen. Was nun Grillparzer in dem antiken Sagenbilde fesselte und zur Darstellung reizte, ist der Kontrast zwischen Sapphos dichterischem Ruhme und ihrem leidvollen Lose. Er, der den Zwiespalt zwischen Ideal und Wirklichkeit bitter empfand, der in der Kunst und dem Leben zwei feindliche Gegensätze, in der Gabe der Musen nicht ein beglückendes Geschenk, sondern eine den Menschen innerlich verzehrende Flamme erblickte,

---

[1] G. Bernhardy, Grundriß der griechischen Litteratur, Halle 1845 Bd. I S. 484.

[2] Σοφὴν δὲ μισῶ· μὴ γὰρ ἐν γ' ἐμοῖς δόμοις
εἴη φρονοῦσα πλεῖον ἢ γυναῖκα χρή. Hippolytus 640 f.

[3] Nämlich von Ameipsias (Meineke, Fragmenta comicorum Graecorum S. 405), von Amphis (ebenda S. 562), Ephippos (ebenda S. 665), von Timokles (ebenda S. 809), von Diphilos (ebenda S. 1084 f.), Antiphanes (ebenda S. 546 f.) Bei Diphilos treten Archilochos u. Hipponax als Liebhaber der Sappho auf.

[4] Ihr Verfasser ist Plato (Meineke ebenda S. 387—390).

er sah auch in dem Ende Sapphos, in dem Untergang eines so reichen Dichtergeistes durch die Verirrungen des leidenschaftlichen Herzens gleichsam „ein malheur d'être poète". Den Zwiespalt zwischen Kunst und Leben wollte er, wie er selbst sagt, in seinem Stücke darstellen.[1] Damit lenkte er in den Gedankengang des „Tasso" und der „Corinna" ein.

Es entsteht nun die Frage: ist der Ausbau der Fabel und ihre Umformung zur dramatischen Handlung ganz Grillparzers Werk, oder lehnt der Dichter, abgesehen von den Anregungen, welche er durch die Lektüre des „Tasso" und der „Corinna" erhalten, auch sonst noch an Gegebenes an? Sind ihm vielleicht in älteren Bearbeitungen des Stoffes in etwa die Wege gewiesen? Dieser für die Entwicklung der „Sappho" wesentlichen Frage hat die Grillparzer-Forschung bisher wenig Beachtung geschenkt. Sie hat von älteren Sappho-Dramen nur das im sechzehnten Jahrhundert von dem englischen Hofpoeten John Lilly verfaßte Festspiel: „Sappho und Phaon",[2] die 1808 entstandene „Sappho" des Italieners Stanisl. Marchisio,[3] sowie das gleichnamige 1811 entworfene Drama der Frau von Staël berücksichtigt. Außer den genannten Autoren hat aber noch Franz von Kleist[4] i. J. 1793 und F. W. Gubitz, wie schon erwähnt, i. J. 1816 die Fabel dramatisiert, während Sophie Mereau sie 1806 in einem langweiligen Roman behandelte.[5] Prüfen wir, ob Grillparzer eine von diesen Bearbeitungen benutzt hat.

---

[1] Werke Bd. XIV S. 217 f.

[2] Sappho and Phao, London 1884. Fairholt besorgte eine neue Ausgabe der Dramen Lillys. (The dramatic works of John Lilly, London 1854. 2 vols.) Vergl. ferner Friedrich Bodenstedt, Lilly, Greene und Marlowe und ihre dramatischen Dichtungen. Berlin 1860 S. 44 ff.

[3] Saffo, Tragedia. Firenze 1808. Wilh. Scherer erwähnt dieses Werk in seiner Abhandlung „Franz Grillparzer, Beiträge zu seinem Verständnisse", enthalten in dem Buch „Vorträge und Aufsätze zur Geschichte des geistigen Lebens in Deutschland und Östreich". Berlin 1874 S. 233.

[4] Sappho, ein dramatisches Gedicht von Franz von Kleist, Berlin 1793.

[5] Sappho und Phaon. Ein Roman. Nach der dritten englischen Originalausgabe, Aschaffenburg 1806. Erst in der zweiten 1817 bei Göbhardt in Bamberg erschienenen Auflage nennt sich Sophie Mereau als Verfasserin. Die Bemerkung „aus dem Englischen übersetzt" scheint ein Aushängeschild zu sein, um Leser anzulocken. Ein Exemplar dieses verschollenen Buches entlieh ich der Königl. Bibliothek zu München. — Erwähnt seien hier von späteren Bearbeitungen das Drama „Saffo" von Tommaso Arabia (1856) und das gleichnamige Libretto v. Salvadore Cammarano (Saffo, tragedia lirica in tre parti di S. C., musica di Giovanni Pacini, Milano. (Jahreszahl fehlt.) Wilhelm Scherer meint, daß diese Dichtung unter der Einwirkung von Grillparzers „Sappho" stehe. Vergl. „Vorträge und Aufsätze" S. 233. Es findet sich jedoch nur zwischen der ersten in Olympia spielenden Scene bei Cammarano und zwischen dem dritten Auftritt der Tragödie Grillparzers, in welchem Phaon sein erstes Zusammentreffen

Was zunächst das Festspiel Lillys angeht, in welchem Sapphos sagen=
haftes Geschick und ihr poetischer Ruhm nur als Folie dienen, den Geist
und die Schönheit der Königin Elisabeth zu verherrlichen, welche als Sappho
mit Venus um die Liebe Phaons streitet und diese Göttin besiegt — so
steht dasselbe in seiner ganzen Tendenz Grillparzers Dichtung zu fern, als
daß es hier in Betracht kommen könnte. Ebensowenig brauche ich auf das
Stück von Marchisio einzugehen, welches, wenn ich von Übereinstimmungen
absehe, welche durch die in dem antiken Stoffe gegebenen Momente bedingt
sind, keinerlei Verwandtschaft mit Grillparzers Tragödie bekundet. Das
Gleiche gilt von dem öden, farblosen Roman der Sophie Mereau. August
Sauer meint, daß dem Dichter von früheren Dramatisierungen des Stoffes
höchstens das Trauerspiel der Frau von Staël bekannt gewesen sei, „mit dem
er in Auffassung und Anordnung einige Ähnlichkeiten zeige." „Steht er
doch — fügt Sauer hinzu — trotz des Widerwillens, den ihm das Wesen
dieser Frau einflößt, damals unter dem Banne ihrer ‚Corinna'".[1] Das
letztere habe ich bereits erwähnt, und ich werde die „Corinna" bei der Zer=
gliederung der Grillparzerschen Tragödie in Betracht ziehen. Die „Sappho"

mit Sappho in Olympia schildert, eine entfernte Ähnlichkeit und folgender analoge
Gedanke:

     Faone.
    »non credei
  Che raggianti di gloria e circondata
  Di quanti ha Grecia più sublimi ingegni
  Saffo un pensier volgesse
  All' oscuro Faon'.« (S. 8.)

Bei Grillparzer (Werke Bd. III S. 157) heißt es ähnlich:
   „Wer glaubte auch, daß Hellas' erste Frau
   Auf Hellas' letzten Jüngling würde schauen."
— Die am 16. April 1851 in Paris aufgeführte Oper „Sappho" von Emile Augier,
zu der Gounod die Partitur gegeben hat, ist mir nicht näher bekannt. Alphonse Daudets
Roman „Sappho" hat mit dem antiken Sujet nur den Namen gemeinsam; er stellt die
Beschlagnahme und Vernichtung einer Jünglingsexistenz durch eine alternde Dirne dar.
Bedeutender sind die epischen Dichtungen »Ultima ora di Saffo« von der Neapoli=
tanerin Giuseppina Guacci-Nobile (vergl. die Übersetzungsprobe daraus in K. M. Sauers
Geschichte der italienischen Litteratur S. 365 f.) und Carmen Sylvas „Sappho".
S. „Stürme". Bonn 1886 S. 1—53. Die Verfasserin des letzten Werkes bringt die Liebes=
leidenschaft Sapphos in einen Konflikt mit ihrer Mutterliebe. Lais, ihre Tochter, liebt
den Helden Memnon, dem das Herz der Sappho gehört. An diesem Verhängnis geht
sie zu Grunde. Der Tochter Tod trennt die Dichterin auf immer von dem Geliebten,
und sie wählt ein freiwilliges Ende in den Meeresfluten. — Louise von Plönies gab
in ihrem Romanzenkranz „Die Sappho des Westens", anlehnend an das tragische Los
einer englischen Dichterin, dem antiken Thema eine moderne Fassung. S. „Gedichte",
Darmstadt 1844 S. 182 ff.

 [1] Vergl. die Einleitung der Werke Grillparzers p. XXXIII.

der Staël kann jedoch Grillparzer kaum gekannt haben, da dieses Werk zwar schon 1811 entstanden, aber niemals aufgeführt und erst 1821, drei Jahre nach dem Erscheinen der Sappho Grillparzers von dem Sohne der Frau von Staël veröffentlicht ist.[1] Auch eine mündliche oder schriftliche Mitteilung ist ausgeschlossen, da Grillparzer weder in persönlichem Verkehr noch in Briefwechsel mit Frau von Staël gestanden hat.

Es bleiben somit nur noch die „Sappho" von Franz von Kleist und des Monodram von Gubitz zu berücksichtigen. Und gerade das unbedeutende, völlig vergessene Werk des ersteren ist — wie ich nachweisen werde — auf die Entstehung der Grillparzerschen Dichtung von Einfluß gewesen. Es hat

---

[1] S. »Sapho, drame en cinq actes et en prose composé en 1811" in den »Oeuvres complètes de madame de Staël.« Paris 1821, tome XVI. In der Vorrede sagt der Herausgeber: »Enfin, le drame de Sapho, qui termine ce volume n'a été ni représenté, ni même entièrement achevé. C'est une esquisse que ma mère se proposoit de retoucher, et dont il est facile de voir que la première idée a été puisée dans Corinne; mais comme on ne peut lire cette pièce sans être frappé de l'élevation du style, et surtout du caractère antique dont il est empreint, j'ai cru qu'il m'étoit permis de la livrer à l'impression.« Das ganze Drama scheint mir verschnörkelt und unnatürlich wie ein französischer Garten. Es ist die Lösung einer beim Beginne der Handlung bereits fertigen, nicht vor den Augen des Zuschauers gewordenen Verwicklung. Frau v. Staël bedarf zweier Akte, um die Voraussetzungen des Konfliktes einigermaßen klarzulegen. Der Jüngling Phaon, so erfahren wir bei Beginn des Stückes, hat Sappho verlassen und weilt fern von ihr auf Sizilien. Er ist ihr untreu geworden und liebt ihre Freundin, die anmutige Cleone. Diese ist dem schönen, aber geistig unbedeutenden Jüngling nicht abhold, bekämpft aber ihre Gefühle aus Rücksicht auf Sappho und verheimlicht ihr den Verrat Phaons. Gelöst wird dieser Konflikt dadurch, daß Phaon im dritten Akt auf Lesbos erscheint und um Cleone wirbt. Als Sappho nun in der Freundin ihre Rivalin erkennt, entsagt sie, um das Glück derselben und des geliebten Mannes nicht zu zerstören, ihrer Leidenschaft und sucht den Tod in den Meereswellen. — Es läßt sich nicht verkennen, daß die Verfasserin das tragische Thema ähnlich wie Grillparzer aufgefaßt hat. Wie bei letzterem Phaon zwischen der lorbeergekrönten Dichterin und dem Naturkind Melitta, so steht auch hier der Jüngling zwischen Sappho und der kindlich einfachen Cleone. In beiden Stücken wendet sich der Held von der hochbegabten älteren Frau ab zu einer jugendlichen Schönheit. Irgendwie wesentliche Analogieen in den Situationen und im Dialog sind jedoch nicht vorhanden, nur klingt der Grundgedanke der „Sappho" Grillparzers, der Zwiespalt zwischen Kunst und Leben, zwischen Ideal und Wirklichkeit auch in dem Drama der Staël mehrfach an. Wenn sie ihre „Sappho" sprechen läßt: »Fatal présent que ce génie, qui semble, comme le vantour de Prométhée, s'acharner sur mon coeur!« (Sapho II 7) oder »Le génie des femmes est comme un arbre, qui s'élève jusqu'aux nues, mais dont les foibles racines ne peuvent résister à la tempête« (II 5 S. 312) oder »Tu le sais, le langage des favoris des dieux n'est compris que d'un petit nombre de mortels; et le triste avantage du génie, c'est de vivre au milieu des hommes, sans pouvoir se faire entendre de la plupart d'entre eux.« (V 1 S. 351) . . . so erscheint das wie eine Variation des malheur d'être poète.

ihm in dilettantischer Form einen Teil des Materials geliefert, aus welchem er sein bewunderungswürdiges Trauerspiel geschaffen hat.

Franz von Kleist[1] schrieb seine „Sappho" als vierundzwanzigjähriger Jüngling. Als Quellen benutzte er das bekannte Buch „Voyage du jeune Anacharsis" von Jean Jaques Barthélemy und die Liederfragmente Sapphos.

Sein dreiaktiges Stück, dessen Schauplatz die Stadt Mitylene auf Lesbos ist, hat fünf Charakterfiguren, nämlich Sappho, ihre Schülerinnen, die intrigante, schöne Damophile und die sanfte schwärmerische Zibuo, ferner Phaon und den alternden Dichter und Krieger Alcäus. Der erste Akt spielt „im Zimmer der Sappho". Die Dichterin tritt uns im Zwiegespräch mit Damophile entgegen. Ihre Worte atmen elegische Stimmung. Sie spricht von früh erduldetem Leide, erinnert an den Tod ihres tyrannischen Gatten, preist dann das Glück, welches sie in Phaons Liebe gefunden, besorgt aber, daß dasselbe keinen Bestand habe, weil die Neigung des schönen Jünglings wandelbar sei. Zu den beiden Frauen gesellt sich in der zweiten Scene Alcäus, der Mann der Leier und des Schwertes. Nachdem er vergeblich um Sapphos Liebe geworben, wirft er ihr vor, daß die Bande, welche sie an den geistig unbedeutenden Phaon fesseln, ihrer unwürdig seien,

---

[1] Einige Angaben über das Leben und Dichten dieses Mannes werden dem Leser vielleicht willkommen sein. Franz Alexander von Kleist, geb. am 24. Dezember 1769 zu Potsdam, war Soldat und Poet wie seine dichtenden Geschlechtsgenossen Ewald und Heinrich von Kleist. Er nahm 1789 an dem Feldzug gegen Frankreich teil, gab dann die militärische Laufbahn auf, studierte bis 1791 in Göttingen die Rechte, wurde unter dem Minister von Herzberg Legationsrat und vermählte sich in dieser Stellung mit Albertine v. Jung. Bald darauf trat er aus dem Staatsdienst, lebte als Privatmann kurze Zeit auf dem Gute Falkenhagen bei Frankfurt a. O., ließ sich darauf bei Ringenwalde in der Neumark nieder, wurde daselbst Landrat und starb, eben als er zu selbständigeren dichterischen Gestaltungen erfolgreich emporstrebte, in noch nicht vollendeten 28. Lebensjahre am 8. August 1797. Kleist hat sich auf lyrischem, epischem und dramatischem Gebiet versucht. Er begann als Schüler zugleich der Wielandschen Lehrgedichte und der Gleimschen Anakreontik, verfaßte Balladen und erzählte unter anderm als Vorgänger Schillers die Sage vom Taucher. Als Entgegnung auf Schillers „Die Götter Griechenlands" schrieb er „Das Lob des einzigen Gottes". (Im teutschen Merkur 1789. 3. 113.) Einiges Aufsehen erregte s. Z. auch die Ode Kleists „Auf Mirabeaus Tod". Außerdem verfaßte er ein Gedicht in zehn Gesängen „Zamori oder die Philosophie der Liebe" (Berlin 1793), „Hohe Aussichten der Liebe an Minona" (Berlin 1789), und ein historisches Gemälde „Graf Peter der Däne" (Berlin 1792). Sein Schaffen ist nicht ohne Erfolg gewesen, und wir lesen in der Lebensgeschichte eines jüngeren Zeitgenossen, de la Motte Fouqués, das enthusiastische Lob „seiner anmutigen Milde, seiner zarten Phantasie und des Wohllauts seiner Sprache". S. Karl Gödeke, Grundriß zur Geschichte der deutschen Dichtung, Dresden 1862. Erste Ausgabe Bd. I S. 1116. — Vergl. ferner die handschriftlichen Mitteilungen des Pfarrers H. Kypke in der „Gegenwart" vom 13. Mai 1882.

worauf Sappho ihn unmutig in seine Schranken zurückweist. Dem Tief=
gekränkten bietet sich nun Damophile zum Werkzeug seiner Rache an. Sie
will seinen glücklichen Rivalen Phaon dadurch der Sappho entfremden, daß
sie dessen Eifersucht auf Alcäus erregt und ihn durch das Geschenk ihrer
eigenen Liebe an sich lockt. Nicht ohne inneres Widerstreben willigt Alcäus
ein. In der folgenden Scene versucht Damophile ihre niedrigen Künste
an Phaon und weiß ihn ganz zu blenden und zu bestricken. Als ihn
Sappho findet, ist er mißmutig und kalt, und nur mit Mühe vermag sie
seine thörichte Eifersucht zu beschwichtigen und ihn ihrer Treue zu versichern.

Der zweite Akt beginnt mit einem Dialog zwischen Sappho und ihrer
vertrauten Freundin Zidno. Der letzteren klagt die Dichterin, daß Phaon
sie verraten habe. Seine Untreue sei ihr durch ein zufällig in ihre Hände
gelangtes, an Damophile gerichtetes Schreiben Phaons enthüllt. Von Zidno
belehrt, daß Damophile ein verschlagenes, sinnliches, aber trotz aller Leiden=
schaftlichkeit berechnendes Weib sei, stellt Sappho die ränkevolle Heuchlerin
zur Rede. Dabei wird sie durch Alcäus unterbrochen, welcher seine Be=
werbung um sie wiederholt. Abermals von ihr abgewiesen, aber mit milden
Worten gebeten, sich über die versagte Gegenliebe wie ein Mann zu trösten,
ergreift er, innerlich bewegt, Sapphos Hand. So sieht ihn Phaon in dem
Augenblick, als er sich der Gruppe nähert, und durch diesen Anblick zum
Zorn gereizt, wirft er Sapphos Liebe wie ein wertloses Gut von sich, stößt
Schmähungen gegen sie aus und führt seine neue Geliebte Damophile mit
sich fort. Schmerzvoll bricht Sappho zusammen und beschwört ihre Freundin
Zidno, den Ungetreuen zurückzurufen. Dann spricht sie ihr Leid in einem
an die Göttin der Liebe gerichteten Gebet aus. — Nun wird die Scene
verwandelt. Wir sehen Phaon und Damophile am Gestade des Meeres
lustwandeln. Dort trifft Zidno dieselben und hält dem Jüngling mit
strafenden Worten seinen an Sappho begangenen Verrat vor. Als Zidno
sich entfernt, fordert Phaon Damophile auf, mit ihm nach Sizilien zu
entfliehen, und diese willigt ein.

Zu Anfang des dritten Aktes wird die Flucht der Liebenden bewerk=
stelligt. Dann führt uns der Dichter wieder in Sapphos Gemach, wo
dieselbe der Zidno ein Schreiben an Phaon übergiebt. Die Getäuschte
beträgt sich noch immer mit der Hoffnung, den Verlorenen wieder zu ge=
winnen, und als Alcäus ihr die Nachricht von Phaons Flucht bringt, will
sie ihm nicht glauben. Aber Zidno bestätigt alsbald diese Kunde. Da eilt
Sappho tieferschüttert in Begleitung ihrer Freundin an das Meerufer, blickt
schmerzlich dem entschwindenden Fahrzeug Phaons nach, ruft die Rache der
Götter auf die Entflohenen herab und stürzt sich, nachdem sie ihre junge
Vertraute noch einmal umarmt hat, ins Meer.

Wir haben in diesem Stücke den ersten dramatischen Versuch eines noch unreifen Dichters vor uns. Das verrät die schülerhafte Technik, die Nachlässigkeit, mit welcher scenische Wirkungen durch unbedeutende Anhängsel verwischt werden, und die lückenhafte und gerade an den wichtigsten Stellen völlig aussetzende Motivierung. Die Charakteristik ist durchaus mißraten. Namentlich ist Sapphos Bild gänzlich verzeichnet. Gerade diese Hauptfigur, deren Verhalten die sorgfältigste Begründung, die schärfste Beleuchtung erforderte, stößt uns sittlich wie ästhetisch ab. Sappho ist Dichterin. Womit beglaubigt Kleist sie als solche? Nur mit ihrem Namen und etwa noch mit dem Gedichte an die Liebesgöttin, welches er sie im zweiten Akt sprechen läßt. Was wir vor uns sehen, ist eine haltlose, in dem konventionellen Ton der Hypersentimentalität des vorigen Jahrhunderts redende, schon leise verblühende Frau, welche einem jüngeren Manne von leichtfertigem Wankelmut, einem Toilettenhelden, einem Schwächling voll selbstgefälliger Eitelkeit mit blinder Leidenschaft zugethan ist. Ihre Liebe trägt einen vorwiegend sinnlichen Charakter und wirkt dadurch geradezu widerwärtig, daß Sappho als die Werbende erscheint, daß sie sich dem Geliebten anbietet, sich ihm förmlich aufdrängt. Von Phaon endlich in entwürdigender Weise verlassen, giebt sie sich den Tod. Ein solches Ende ist nichts weniger als tragisch; denn das Sterben macht bekanntlich die Tragik nicht aus, sondern die Motivierung des Todes. Weil wir dem Konflikt, welchem Sappho erliegt, unsere Anteilnahme verweigern müssen, so kann uns auch seine Wirkung, die Katastrophe, nicht rühren und erschüttern.

Ich stelle nunmehr der „Sappho" von Kleist die „Sappho" Grillparzers gegenüber. Um über das Verhältnis dieser beiden Stücke zu einander volle Klarheit zu gewinnen, werde ich zugleich Goethes „Tasso" und die „Corinna" der Frau von Staël zur Analogie heranziehen und es versuchen, aus den beiden letzteren Werken und der „Sappho" von Kleist einen großen Teil der „Sappho" Grillparzers Akt für Akt litterarhistorisch abzuleiten.

Wie das Kleistsche Stück hat auch Grillparzers Tragödie fünf Charakterfiguren. Auch in ihr findet sich die Stellung des Liebhabers zwischen der reiferen, hochbegabten Frau und einer jugendlichen Schönen, welche hier Sapphos Sklavin ist und Melitta heißt. Diese hat aber keinen Zug von der intriguanten Damophile bei Kleist, vielmehr hat Grillparzer die süße Grazie eines unschuldigen Naturkindes um sie gebreitet. Der Dichter und Krieger Alcäus, welcher das Schauspiel von Kleist mit seinem unerschöpflichen Redefluß verwässert, fehlt bei Grillparzer; dieser hat dafür die Figur des beredten, sangeskundigen Hausvogtes Rhamnes, und für Zibno die muntere, ihrer Herrin treuergebene Dienerin Eucharis. Die

Figur des Rhamnes war ursprünglich in dem Plane des Stückes nicht vorgesehen: in dem Personenverzeichnis des ersten Manuskriptes ist er nicht aufgeführt und in dem Text der ersten Akte erscheint er dort nur als Diener. Erst im fünften Akt tritt er unter dem Namen Rhamnes mit einer längeren Rede in eine Lücke der Handlung.

Den Schauplatz des Stückes hat Grillparzer im Sinne der Alten, welche weder im Drama noch auch sonst bedeckte, rings verschlossene Zimmer liebten, an das mit Rosenbüschen bewachsene lesbische Gestade vor das säulengetragene Haus der Sappho verlegt. Die sich dort abspielende Handlung stimmt, wie ich hier gleich zu Anfang hervorhebe, in folgenden, und zwar in der Sage nicht gegebenen Momenten mit der Aktion des Kleistschen Stückes überein. In beiden Dramen bricht Phaon der Sappho die Treue, und die jüngere Schöne gewinnt seine Liebe; in beiden Dramen stellt die Dichterin, als sie sich von Phaon getäuscht sieht, ihre Rivalin zur Rede, stößt der Jüngling die Betrogene in brutaler Weise von sich und entflieht mit der neuen Geliebten; in beiden Dramen eilt Sappho an das Meeresufer und ruft auf die Entflohenen die Rache der Götter herab. — Diese Momente aber wußte Grillparzer ganz anders als sein Vorgänger dramatisch zu verbinden und zu echt poetischen Wirkungen zu steigern.

Zunächst hat er das Hauptmotiv, die Neigung der Dichterin zu dem jüngeren unbedeutenden Phaon, tiefer und edler zu stimmen und aus besonderen Charaktereigentümlichkeiten und Verhältnissen zu erklären verstanden. Frau von Staël gab in ihrer „Corinna", in welcher sie das gleiche verfängliche Thema, die Liebe der geistig hervorragenden Frau zu einem geistig unter ihr stehenden Manne, behandelt, dem östreichischen Dramatiker für die Entwicklung dieses psychologischen Problems einige treffliche Winke. Sie schildert, wie Lord Nelvil die Dichterin Corinna zuerst in Rom während ihres Triumphzuges nach dem Kapitol erblickt, wo dieselbe einen Lobgesang auf den Ruhm und die Schönheit Italiens improvisiert und unter dem Jubel eines begeisterten Volkes als Dichterin gekrönt wird. Hingerissen von ihrer eigenartigen Schönheit und dem Zauber ihrer Kunst, nähert sich ihr Lord Nelvil mit Worten begeisterter Verehrung, und das Auge der olympischen Frau weilt mit Wohlgefallen auf dem fremden Manne. Ähnlich erzählt Grillparzer die erste Begegnung Phaons und Sapphos. Auch Phaon, welcher das Idealbild der lesbischen Sängerin schon lange in seiner Seele getragen, sieht dieselbe zuerst in dem Moment, als sie zu Olympia als Siegerin aus dem Wettbewerb um den Sangespreis hervorgeht, und ihr die Ersten Griechenlands ihre Huldigungen darbringen. Mit so schwärmerischer Bewunderung tritt er ihr entgegen, daß Sappho glaubt, von ihm geliebt zu sein, und ihr volles Herz dem schönen Freunde erschließt, den die Kunst ihr zugeführt. Wie bei Corinna fällt also auch bei Sappho in den Augenblick ihres höchsten geistigen Triumphes das Erwachen ihrer Liebe,[1] und es ist hiermit der Irrtum, dem sie sich über die Gefühle Phaons hingiebt, hinreichend begründet. Sie erschafft sich, indem sie das edle Äußere

---

[1] Man vergleiche beide Darstellungen: »Tout le monde criait, »Vive Corinne! vive la génie, vive la beauté! L'émotion était générale; mais lord Nelvil ne la partageait point encore .... lorsqu' enfin il aperçut Corinne. Elle était vêtue comme la sibylle du Dominiquin, un schall des Indes tourné autour de sa tête, et ses cheveux, du plus beau noir, entremêlés avec ce schall; sa robe était blanche.... Ses bras étaient d'une éclatante beauté; sa taille grande, mais un peu forte, à la manière des statues grecques, caractérisait énergiquement la jeunesse et le bonheur; son regard avait quelque chose d'inspiré ... Elle donnait à la fois l'idee d'une prêtresse d'Apollon qui s'avançait vers le temple du Soleil, et d'une femme parfaitement simple dans les rapports habituels de la vie; enfin tous ses mouvements avaient un charme, qui excitait l'intérêt et la curiosité, l'étonnement et l'affection.

(S. Corinne ou l'Italie par madame de Staël, Paris 1844 Bd. II 1. S. 22 f.)

„Da horch! da tönt Gemurmel durch das Volk,
Da teilt die Menge sich. Jetzt war's gescheh'n —
Mit einer goldnen Leier in der Hand
Trat eine Frau durchs staunende Gewühl.
Das Kleid von weißer Unschuldsfarbe floß
Hernieder zu den lichtverfagten Knöcheln,
Ein Bach, der über Blumenhügel strömt.
Der Saum von grünen Palm- und Lorbeerzweigen
Sprach, Ruhm und Frieden sinnig zart bezeichnend,
Aus, was der Dichter braucht und was ihn lohnt.
Wie rote Morgenwolken um die Sonne
Floß rings ein Purpurmantel um sie her,
Und durch der Wolken rabenschwarze Nacht
Erglänzt', ein Mond, das helle Diadem,
Der Herrschaft weithinleuchtend hohes Zeichen.
Da rief's in mir: die ist es! Und du warst's.
Eh' die Vermutung ich noch ausgesprochen,
Rief tausendstimmig mir des Voltes Jubel
Bestätigung der süßen Ahnung zu."

(Sappho I. Akt 3. Scene S. 156 f.)

Vergl. ferner:
»Il la suivit; et, dans le moment où elle descendait l'escalier, accompagnée de son cortège, elle fit un mouvement en arrière pour l'apercevoir encore : ce mouvement fit tomber sa couronne. Oswald se hâta de la relever, et lui dit en la lui rendant quelques mots en italien, qui signifiaient que les humbles mortels mettaient aux pieds des dieux la couronne qu'ils n'osaient placer sur leurs têtes . . .

Il resta d'abord immobile à sa place et, se sentant troublé, il s'appuya sur un des lions basalte, qui sont au pied de l'escalier du Capitole. Corinne le considéra de nouveau, vivement frappée de son émotion.« (a. a. O. S. 36.)

desselben als das Abbild einer ebenso edlen, ihr gleichgestimmten Seele deutet, aus dem Manne ein Ideal, dem sein innerer Wert nicht entspricht, und Phaon, nach Art problematischer Naturen vom Eindruck des Augenblicks beherrscht, verwechselt Verehrung mit Liebe.

So stehen sich die beiden Charaktere beim Beginn des ersten Aktes gegenüber. Vergegenwärtigen wir uns kurz die Begebenheiten desselben.

Vom „Kampf der Wagen und Gesänge" zu Olympia mit dem Siegeskranze nach ihrer Heimat zurückgekehrt, erscheint Sappho, von dem Jubel der dankbaren Landsgenossen begrüßt, strahlend wie eine Siegesgöttin auf dem lesbischen Gestade. Bescheiden nimmt sie die Huldigungen ihrer heimatlichen Freunde entgegen. Nicht mehr nach Ehre und Ruhm verlangt ihr Herz, sondern nach weiblichem Glücke. Nur mit der Myrte verschlungen, hat der Lorbeer für sie fortan noch Wert. Der Jüngling Phaon, dem sie ihr Leben weihen will, weilt an ihrer Seite, und mit rühmenden Worten stellt sie ihn dem Volke vor. Wie Sappho und Phaon sich gefunden, das erfahren wir aus ihrem begeisterten Zwiegespräch in der folgenden Scene, in welcher sich die beiden ihre erste Begegnung zu Olympia noch einmal vor ihre Seele zurückrufen. Phaon ist wie geblendet von dem Glanze, der plötzlich ihn, den Unbekannten, an Sapphos Seite umgiebt. Wie ein Traum kommt ihm die Wirklichkeit vor. Er vermag über seine Gefühle für die Dichterin nicht zu voller Klarheit durchzudringen, er kann es nicht fassen, „daß Hellas' erste Frau auf Hellas' letzten Jüngling schauen konnte." Sappho aber träumt von der Seligkeit einer Idylle. Mit dem

mit Grillparzers Versen:

„Wie du nun sangst, wie du nun siegtest, wie
Geschmückt mit der Vollendung hoher Krone,
Nun in des Siegs Begeisterung die Leier
Der Hand entfällt, ich durch das Volk mich stürze,
Und von dem Blick der Siegerin getroffen,
Der blöde Jüngling scham=entgeistert steht,
Das weißt du, Hohe, besser ja als ich,
Der ich, kaum halberwacht, noch sinnend forsche,
Wie viel davon gescheh'n, wie viel ich nur geträumt.

Sappho.

Wohl weiß ich's, wie du stumm und schüchtern standst,
Das ganze Leben schien im Auge nur zu wohnen,
Das, spariam aufgehoben von dem Grund,
Den nicht verlöschten Funken laut genug bezeugte.
Ich hieß dich folgen, und du folgtest mir,
In ungewisses Staunen tief versenkt." (S. 156.)

Corinna wird mehrfach mit Sappho verglichen z. B. »Son charme tenait-il de la magie ou de l'inspiration poétique? était-ce Armide, ou Sapho? (III 1. S. 43.)

Geliebten vereint, glaubt sie Kunst und Leben zur Harmonie verschmelzen zu können. Er soll sie lehren, sich des schönen Daseins heiter und unbefangen zu freuen, und sie will ihm das götternahe Reich des Ideals erschließen. Sie übersieht, wie hoch sie ihn geistig überragt, sie fühlt nur, was ihr selbst fehlt, um ihn zu beglücken und ihm ganz angehören zu können. Denn er steht in seiner Jugendblüte da, noch unberührt von Leid, durch keinen Verlust verbittert, während sie, deren jugendliche Reize bereits zu schwinden beginnen, des Lebens Kränkungen und Täuschungen im reichen Maße erfahren hat. Als Phaon, nachdem sie ihn der Dienerschaft als ihren Herrn vorgestellt, sich entfernt, und ihre Sklavin Melitta im Geplauder bei ihr weilt, da steigt beim Anblick dieses heiterblühenden Kindes, dessen Wesen alle Eigenschaften vereinigt, um in engumgrenzter traulicher Lebenssphäre sich heimisch zu fühlen, in Sappho die bange Ahnung auf, daß der Lorbeer die verlorene Herzenseinfalt nicht ersetzen könne, daß die Kunst sie allzusehr dem Leben entfremdet habe, daß ihr Fuß die Kluft, welche sich zwischen ihr und dem Leben aufgethan hat, nicht mehr überschreiten könne. Ihre bewegte Stimmung klingt aus in einem Liede an Aphrodite. Damit schließt der erste Akt.

Dieser erste Akt, gleichsam eine große Exposition des Hauptcharakters, weist manche Motive aus Goethes „Tasso" und der „Sappho" von Kleist auf. Wie der Held des Goetheschen Stückes tritt uns auch Sappho auf der Höhe ihres Glückes entgegen. Wie jener auf seine erste dichterische Großthat, die Vollendung seines Werkes, die Frucht eines langen, mühevollen Schaffens, so blickt Sappho auf ihren Sieg zu Olympia zurück. Ihn schmückt die Hand der Geliebten mit dem Lorbeer, sie trägt den Kranz, welchen das dankbare Griechenvolk ihr gereicht hat. Beiden aber dünkt die Dichterkrone eine Last. Sie fühlen sich nicht wert, „die Kühlung zu empfinden, die nur um Heldenstirnen wehen soll." Wie Tasso, als der Herzog ihn auf den Beifall jedes Guten und auf den allgemeinen Ruhm hinweist, mit wahrer Bescheidenheit antwortet:

    „Mir ist an diesem Augenblick genug;
    An euch nur dacht' ich, wenn ich sann und schrieb;
    Euch zu gefallen, war mein höchster Wunsch;
    Euch zu ergötzen, war mein letzter Zweck.
    Wer nicht die Welt in seinen Freunden sieht,
    Verdient nicht, daß die Welt von ihm erfahre;
    Hier ist mein Vaterland, hier ist der Kreis,
    In dem sich meine Seele gern verweilt" .... (I 3.)

so lehnt auch Sappho, zufrieden mit dem Bewußtsein ihrer That, die Ehren ab, welche der Sieg ihr einträgt. Auch sie „sieht die Welt in ihren Freunden":

> „Um euretwillen freut mich dieser Kranz,
> Der nur den Bürger ziert, den Dichter drückt,
> In eurer Mitte nenn' ich ihn erst mein.
>
> In eurem Kreis, in meiner Lieben Mitte,
> Hier dünkt mich dieser Kranz erst kein Verbrechen,
> Hier wird die freole Zier mir erst zum Schmuck."

Doch nicht ganz vermag der Schimmer des gegenwärtigen Glückes die Schatten vergangener Leiden zu verscheuchen, welche die hoheitvolle Gestalt der Heldin Grillparzers noch immer leise umnachten. Sappho ist wie Tasso ein Genius, der durch Qualen zum Leben durchgedrungen ist. Wie dieser im schmerzlichen Hinblick auf seine Jugendzeit klagt:

> „So hatte mich das eigensinn'ge Glück
> Mit grimmiger Gewalt von sich gestoßen;
> Und zog die schöne Welt den Blick des Knaben
> Mit ihrer ganzen Fülle herrlich an,
> So trübte bald den jugendlichen Sinn
> Der teuren Eltern unverdiente Not.
> Eröffnete die Lippe sich zu singen,
> So floß ein traurig Lied von ihr herab,
> Und ich begleitete mit leisen Tönen
> Des Vaters Schmerzen und der Mutter Qual."   (I 3.)

so tönt auch durch die Worte der Dankbarkeit, welche die lesbische Dichterin an ihre Landsgenossen richtet, durch die Sprache der Liebe, welche sie mit Phaon redet, wie ein Nachhall erduldeter geheimer Schmerzen ein elegischer Klang:

> „Ich hab' gelernt verlieren und entbehren!
> Die beiden Eltern sanken früh ins Grab,
> Und die Geschwister, nach so mancher Wunde,
> Die sie dem teuren Schwesterherzen schlugen,
> Teils Schicksalslaune und teils eigne Schuld
> Stieß früh sie schon zum Acheron hinunter.
> Ich weiß, wie Undank brennt, wie Falschheit martert,
> Der Freundschaft und der — Liebe Täuschungen
> Hab' ich in diesem Busen schon empfunden:
> Ich hab' gelernt verlieren und entbehren!"   (II 3. S. 152.)

Wie Tasso aber will sie vergessen, was sie gelitten. Wie er, vom Gefühle der Liebe gehoben, seine Seele aus dem Gespinste der Träume befreien, und sich „nicht mehr einsam, schwach und trübgesinnt verlieren," sondern als Vasall des Schönen in den Kreis des frohen Lebensgenusses an der Hand der Geliebten eintreten will, so will auch sie beide Kränze um die Stirne flechten, „das Leben aus der Künste Taumelkelch, die Kunst aus der Hand des Lebens schlürfen." Sie sagt:

„Er war bestimmt in seiner Gaben Fülle,
Mich von der Dichtkunst wolkennahen Gipfeln
In dieses Lebens heitre Blütenthäler
Mit sanft bezwingender Gewalt herabzuzieh'n.
An seiner Seite werd' ich unter euch
Ein einfach stilles Hirtenleben führen,
Den Lorbeer mit der Myrte gern vertauschend,
Zum Preise nur von häuslich stillen Freuden
Die Töne wecken dieses Saitenspiels." — (I 2. S. 151/2.)

Dieselbe Sehnsucht nach idyllischem Glück läßt auch Franz von Kleist seine Sappho aussprechen. Auf die Frage Damophiles: „Und welchen Ruhm willst du mit Phaon teilen?" antwortet sie:

„Den sanfteren der Schönheit und der Liebe."

Damophile.

„Ein Ruhm, der wahrlich nicht unsterblich ist,
Kaum von dem nachbarlichen Neid gekannt."

Sappho.

„Ein stilles Glück, das in verschwieg'nem Schatten
Sich selbst genug, zufried'ne Menschen schafft,
Ist werter mir als aller Glanz der Pracht,
Als aller Ruhm, der durch die Welten läuft
Und dem der Neid mit scharfem Zahne folgt."
(Kleist I 1. S. 9 u. 10.)

Im weiteren Verlauf des ersten Aktes bewegt sich der Dialog der „Sappho" Grillparzers noch mehrfach in dem Gedankengange des Kleistschen Stückes. Bei Kleist sagt Damophile zu Alcäus:

„Schon als ich noch ein kleines Mädchen war
Und unbemerkt noch unter Blumen spielte,
Hört' ich den ältern Bruder Athis gern
Die hohen Oden des Alcäus singen.
Da schlug geschwinder dann mein kleines Herz;
So schwach ich war, fühlt' ich Begeisterung,
Und weinte, daß ich nicht ein Mann geworden,
Und brach, um dich zu kränzen, Rosen ab." (I 3. S. 25.)

Ich füge Zidnos Worte über Orpheus hinzu:

„Wenn dann ich in der Abendstille
Am Meer, im Palmenschatten, oder auf
Der Flur, auf weinbepflanzten Hügeln wandle,
Und in Olivenbäumen sanft das Laub
Ein kühler Abendwind durchsäuselt — o! —
Dann scheint's, als hört' ich Orpheus' Stimme; dann
Ergreift ein heiliges Entzücken mich." (II 1. S. 56.)

Dieselben Gedanken sehen wir bei Grillparzer in dem Zwiegespräche zwischen Phaon und Sappho poetisch entfaltet:

Phaon.

„O, seit ich denke, seit die schwache Hand
Der Leier Saiten selber schwankend prüfte,
Stand auch dein hohes Götterbild vor mir!
Wenn ich in der Geschwister frohem Kreise
An meiner Eltern niederm Herde saß,
Und nun Theano, meine gute Schwester,
Die Rolle von dem schwarzen Simse holte,
Ein Lied von dir, von Sappho, uns zu sagen,

— — — — — — — — — — — — — —

Und wenn sie nun begann: vom schönen Jüngling,
Der Liebesgöttin liebeglüh'nden Sang,
Der Klage einsam hingewachter Nacht,
Von Andromedens und von Athis' Spielen,
Wie lauschte jedes, seinen Atemzug,
Der lusterfüllt den Busen höher schwellte,
Ob allzulauter Störung still verklagend."

. . . .

Nur ich stand schweigend auf und ging hinaus
Ins einsam stille Reich der heil'gen Nacht.
Dort an den Pulsen der süß schlummernden Natur,
In ihres Zaubers magisch-mächt'gen Kreisen,
Da breitet' ich die Arme nach dir aus;
Und wenn mir dann der Wolken Flockenschnee,
Des Zephyrs lauer Hauch, der Berge Duft,
Des bleichen Mondes silberweißes Licht
In eins verschmolzen um die Stirne floß,
Dann warst du mein, dann fühlt' ich deine Nähe,
Und Sapphos Bild schwamm in den lichten Wolken."

(I 3. S. 154/5.)

Auch zu dem fünften Auftritt zwischen Sappho und Melitta findet sich eine Parallelscene bei Kleist. Angesichts der unschuldigen Schwärmerei der Zidno überfällt Sappho die Erinnerung an der Kindheit verlorenes Glück:

„Goldnes Alter, wo die Seele
Noch nicht gestört, im stillen Friedensglück
Unschuldiger Gefühle, sanft und gut
Den Winken jedes schönen Schattens folgt,
In Phantasieen jubelnd sich berauscht,
Ach! goldnes Alter, mir bist du entfloh'n!
An Wahrheit reicher, und an Freuden ärmer
Wein' ich den hingefloh'nen Stunden nach."

Zibno.

„Du könntest die Vergangenheit beseufzen?
Du, mit dem Lorbeer auf dem Haupt, willst die
Entfloh'ne Zeit bereuen?"

Sappho.

Ach! was hilft
Der Lorbeer auf dem Haupt, wenn um das Herz
Sich die Cypresse windet? (Kleist II 1. S. 58.)

Vergl. damit Grillparzer:

„O, gebt mir wieder die entschwundne Zeit!
Löscht aus in dieser Brust vergang'ner Leiden,
Vergang'ner Freuden tiefgetret'ne Spur;
Was ich gefühlt, gesagt, gethan, gelitten,
Es sei nicht, selbst in der Erinnrung nicht!
Laßt mich zurücke kehren in die Zeit,
Da ich noch scheu mit runden Kinderwangen,
Ein unbestimmt Gefühl im schweren Busen,
Die neue Welt mit neuem Sinn betrat;
Da Ahnung noch, kein quälendes Erkennen
In meiner Leier goldnen Saiten spielte,
Da noch ein Zauberland die Liebe war,
Ein unbekanntes, fremdes Zauberland!"

Dann beklagt sie das Los des Ruhmsüchtigen, und als sie wehmütig den Kranz aus ihren Locken löst, spricht Melitta zu ihr:

„Der schöne Kranz! Wie lohnt so hohe Zier!
Von Tausenden gesucht und nicht errungen."

Grillparzer schließt den ersten Akt seines Trauerspiels mit einer lyrischen Monodie. Das Gedicht, welches er seine Heldin sprechen läßt, ist eine Übersetzung der bekannten Ode Sapphos an die Liebesgöttin, der Grillparzer, um mit Theobald von Rizy zu sprechen, „die ganze Herzinnigkeit und naive Grazie des Originals einzuhauchen wußte", so daß es nicht einem erborgten Schmucke gleicht, sondern uns wie eine frische, aus dem Boden des Werkes hervorgewachsene Blume anmutet.[1] Auch Kleist hat eine, allerdings unglückliche Nachbildung dieses griechischen Gedichtes versucht und sie in sein Stück hineingeflochten.[2] Ich komme hierauf später zurück.

---

[1] Vergl. das „Wiener Grillparzer=Album". Für Freunde als Handschrift gedruckt. Stuttgart 1877. S. 458.

[2] Sie lautet:

„Göttin der Schönheit und Liebe!
Die du mit einem lächelnden Blick
Brausende Wogen ebnest,
Heulende Stürme verscheuchst,
Den umwölkten Olymp erheiterst,
Freuden in die Seele der Götter bringst,
Cypria!

Im zweiten Akte der Tragödie Grillparzers beginnt die Thätigkeit des Gegenspiels. Der dramatische Accent ruht auf den Gestalten Phaons und Melittas. — Von der Festtafel der Gebieterin hat sich Phaon fortgeschlichen. Nachdem der erste Rausch seiner Begeisterung für Sappho verflogen ist, ist er beunruhigt, unsicher und schwankend geworden. Er empfindet, daß seine Gefühle für Sappho nicht sein ganzes Herz ausfüllen. Den am Gestade des Meeres einsam Sinnenden scheuchen nahende Tritte und Mädchenrufe in eine Grotte, von wo er in einer Schar von Dienerinnen, welche Blumen suchen zum Schmuck für Sapphos Haus, Melitta erblickt. Die Gefährtinnen necken das schüchterne Kind, weil es während des Mahles auf der Herrin Geheiß einen Becher Wein dem Phaon kredenzt und den Dienst der Hebe in solcher Verwirrung vollführt habe, daß der Inhalt des Pokals auf den Estrich geflossen sei. . . . Unter Scherzen verlassen sie dann das arme Mädchen, und dieses, sich allein glaubend, bricht in rührende Klagen über ihre Vereinsamung und ihr liebeleeres Dasein aus. Da tritt Phaon, der ihre Worte belauscht hat, zu ihr und gewinnt mit tröstenden Worten schnell ihr Vertrauen. Sie erzählt ihm, wie sie als Kind von Sklavenhändlern geraubt und nach Lesbos fortgeführt sei, wo Sappho mit gütigem Sinn sich ihrer angenommen habe. Gerührt von dem Geschick der Armen gelobt Phaon ihr Freundschaft und heftet ihr eine Rose an die Brust. Als er dann zum Gegengeschenk sich eine Blume erbittet, ist sie nach einigem Zögern bereit, seinen Wunsch zu gewähren. Aber bei dem Versuche, eine von hohem Zweige winkende Rose zu pflücken, entgleitet sie von der Rasenbank und sinkt in die Arme des Jünglings, der von ihrer Holdseligkeit

---

    „Sieh! o, sieh aus deinen Rosenthälern,
    Aus den Gefilden ew'gen Frühlings,
    Auf mich Leidende nieder!
    Höre mein stilles Gebet!
    Cypria!
    Öffne mir deinen göttlichen Schoß,
    Sende meinem Lächeln neue Reize!
    Meinem Auge neues Feuer!
    . . .
    Cypria!
    Höre mein stilles Gebet!
    Mein Gesang und meine Leier
    Sei auch dir nur geweiht! —
    Deine Hymnen will ich singen,
    Dir nur von allen Göttern opfern,
    Deinen Altar mit Blumen bestreu'n,
    Unsterbliche!
    Höre mein stilles Gebet!
    Sieh meine flehende Thräne."   (Sappho II 6. S. 98 f)

ergriffen, ihr einen Kuß auf die Lippen drückt. In demselben Augenblick naht Sappho und erblickt Melitta in des Geliebten Armen. Nachdem sie die Dienerin fortgesendet hat, spricht sie zu Phaon im Tone sanften Vorwurfs. Er aber horcht kaum auf ihre Worte, er ist in völlige Teilnahmslosigkeit versunken; denn die Liebe zu dem holden Naturkinde beginnt schmeichlerisch seine Sinne zu umwerben. — Dieser zweite Akt ist ganz Grillparzers Eigentum. Meisterhaft führt er in demselben die Verwicklung herbei. Auf dem Gegensatze der Charaktere, und nicht wie bei Kleist auf einer boshaften Intrigue, ist der Konflikt begründet. Die schöne Rosenscene zwischen Phaon und Melitta, in welcher die reine, durch keine Leidenschaft getrübte, ihrer selbst noch unbewußte Weiblichkeit den Sieg erringt über die geistige Hoheit Sapphos, dieses zaubervolle Idyll in einen Vergleich zu stellen mit jener widerwärtigen Scene bei Kleist, in welcher Damophile Phaon durch ihre niedrigen Künste zu fesseln weiß, das hieße, die Muse des östreichischen Dramatikers beleidigen. Auch in der Enthüllung der Untreue Phaons verfährt Grillparzer selbständig. Er verwarf mit Recht das verbrauchte Theatermotiv von dem verlorenen und aufgefundenen Briefe, dessen sich Kleist bedient, und macht Sappho selbst zur Zeugin der Liebesscene zwischen Phaon und Melitta. Erst im dritten Akt tritt die Abhängigkeit Grillparzers von seiner Vorlage stärker hervor. Verfolgen wir zunächst wieder die Wege, welche er einschlägt.

Verhältnismäßig langsam für das leidenschaftliche Naturell der Sappho läßt Grillparzer ihre Eifersucht sich entwickeln. Die Getäuschte hat zuerst noch Worte der Entschuldigung für den Geliebten:

„Wer heißt den Maßstab denn für sein Gefühl
In dieser tiefbewegten Brust mich suchen?"

In Nachsinnen verloren, gewahrt sie plötzlich den auf einer Rasenbank schlummernden Phaon. Der Anblick des schönen Schläfers, auf dessen Antlitz Heiterkeit und Ruhe lagern, versöhnt sie beinahe schon wieder; sie nähert sich ihm; da hört sie von seinen Lippen den Namen Melitta. Erschreckt fährt sie zurück. Er aber erwacht und erzählt ihr von seinem Traume, in welchem er sie zu Olympia im Triumphe des Sieges gesehen, bis im neckischen Gaukelspiele des Traumes ihr Antlitz plötzlich die kindlich-unschuldigen Züge der Melitta angenommen habe. Bei diesem Geständnis verschwinden Sapphos letzte Zweifel an Phaons Untreue, und der an ihr begangene Verrat steht klar vor ihrer Seele. Von Eifersucht getrieben, läßt sie ihre Rivalin rufen und stellt sie zur Rede, und als Melitta sich dem Gebote, die Rose, Phaons Geschenk, von sich zu legen, zu widersetzen wagt, da bedroht Sappho sie mit einem Dolche. In diesem Moment tritt Phaon zu der Bedrängten und nimmt, jede Rücksicht beiseite setzend, sich Melittas an. Gegen seine Wohlthäterin aber fügt er zu der kränkenden That die Kränkung schmähender Worte. Indem er Sapphos Liebe von sich stößt, betrachtet er fortan Melitta als die Seine.

Die Vorgänge dieser letzten Scene sehen wir in ähnlicher Weise im zweiten Akte des Kleistschen Stückes dargestellt. Schon in der äußeren schematischen Gliederung der Scenen prägt sich — wenn wir die Episode mit Alcäus aus der „Sappho" von Kleist ausscheiden — die Analogie aus. Man vergleiche: Kleist II 1. Sappho und Zidno, 2. Sappho allein, 3. Sappho und Damophile, 4. Sappho, Damophile und Phaon.

Grillparzer III 3. Sappho und Eucharis, 4. Sappho allein, 5. Sappho und Melitta, 6. Sappho, Melitta und Phaon.

Auch im Dialog begegnen wir manchen Anklängen und Übereinstimmungen. Bei Kleist sagt Sappho:

„Er liebt,
Wie in umwölkter Nacht die Sterne leuchten;
Bald sichtbar, bald verschwunden. Hoffend blickt
Der Wandrer nach dem Himmel, hocherfreut,
Nur einen schwachen Schimmer zu entdecken. (II 1 S. 59.)
Vergl. Sapphos Worte bei Grillparzer:
„Er liebt; allein in seinem weiten Busen
Ist noch für andres Raum als nur für Liebe,
Und manches, was dem Weibe Frevel dünkt,
Erlaubt er sich als Scherz und freie Lust." (III 1. S. 186.)
Bei Kleist sucht Zidno die eifersüchtige Sappho also zu beruhigen:
„Sei ruhig, Liebe! — Komm, begleite mich,
Der Himmel ist so schön, das Meer so still;
Laß uns die Schatten dunkler Büsche suchen." (S. 60.)
Durch den gleichen Hinweis auf die Schönheit der Natur will Phaon in Grillparzers Stück das von Eifersuchtsgedanken gepeinigte Gemüt Sapphos erheitern:
„Fröhlich, Liebe, sei und heiter!
Es ist so schön hier, o, so himmlisch schön!
Mit weichen Flügeln senkt der Sommerabend
Sich hold ermattet auf die stille Flur;
Die See steigt liebebedürftend auf und nieder." (III 1. S. 188.)
Weiterhin erinnert es an Kleist (S. 64):
„Es ist so süß,
Beim Anblick einer reizenden Gestalt
Den Wohnsitz einer schönen Seele sich zu denken;"
wenn Grillparzer (S. 187) seine Sappho sprechen läßt:
„Verzeihe, wenn im ersten Augenblicke,
Geliebter! mit Verdacht ich dich gekränkt,
Wenn ich geglaubt, es könne niedre Falschheit
Den Eingang finden in so reinen Tempel!"

In beiden Stücken faßt die eifersüchtige Heldin den Entschluß, die Falschheit ihrer Rivalin zu entlarven:

„Ich will sie selbst erforschen; sei verschwiegen,
Des Schuldigen Verräter ist sein Blick."   (Kleist II 1. S. 65.)
„Ich will sie seh'n die wundervolle Schönheit,
Die solchen Siegs sich über Sappho freut."   (Grillp. III 2. 191.)

In dem Monologe Sapphos, welcher in beiden Dramen dem Auftritt zwischen ihr und der Rivalin voraufgeht, heißt es:

„Hier verliert
Das Gold den Glanz, der Ruhm den Reiz, die Macht
Den Stolz; armselig fühlt im Purpur selbst
Sich die getäuschte Liebe."   (Kleist II 2. 66.)
„Ich kann nicht! — Weh! — Umsonst ruf' ich den Stolz,
An seiner Statt antwortet mir die Liebe."   (Grillp. III 4. S. 194.)

In der folgenden Scene, in welcher sich die beiden Nebenbuhlerinnen gegenüberstehen, werden die Berührungspunkte zwischen beiden Dramen noch deutlicher. In beiden ist Sappho von dem Jugendreiz ihrer Rivalin gerührt, und es wird ihr schwer, an die Schuld derselben zu glauben; in beiden erinnert sie ihre Gegnerin an Tage früherer Freundschaft und an erwiesene Wohlthaten.

„Nie sah ich noch ein Weib wie sie!"   (Kleist II 3. S. 70.)
„Ach! — Beim Himmel, sie ist schön!"   (Grillp. III 3. 194.)

Kleist.
Sappho.

„Götter!
Wie schwer seid ihr im Menschen zu erkennen!
Die Tugend wohnt auf einem Angesicht
So nah' dem Laster, daß nur euer Auge
Sie unterscheiden kann!" —

. . . .

„Ruf dir die sorgenlose Zeit
Der Jugend, ihre schönsten Freuden dir zurück,
Wie du am heitren Frühlingstag
Bei Veilchen schlummertest, ich zu dir kam,
Mit einem Kuß dich weckte, und du dankbar
Und freundlich lächelnd mir die Hände reichtest
Und einen Strauß von jungen Veilchen botest;
Wie ich auf meinen Arm dich nahm, und du
Mit meinen Locken spieltest; ich erst kaum
Dem Kinderkleid entwachsen, dann mit dir
In Grünen hüpfte, und wir beide da
Die Lust des Landmanns waren, der zur Stadt
Zum Einlauf kam, und stille stand, wenn er
Uns spielend dort erblickte — rufe dir
Die goldne Zeit zurück! und dann beschwör'
Ich dich bei dieser Zeit, sag' — bin ich dir
Noch lieb? Willst du mein Glück nicht untergraben?"

Damophile.
„Du bist mir lieb wie jemals; doch warum
Die Frage jetzt? — ..."   (II 3. 74 f.)
Grillparzer hat diese Stelle durch poetische Änderungen gehoben:
Sappho.
„So jung an Jahren, und sie sollte schon
So reif sein im Betrug? Es kann nicht sein,
So sehr nicht widerspricht sich die Natur!
Unmöglich! Nein, ich glaub' es nicht! — Melitta!
Erinnerst du dich noch des Tages, da
Vor dreizehn Jahren man dich zu mir brachte?
Es hatten wilde Männer dich geraubt,
Du weintest, jammertest in lauten Klagen.
Mich dauerte der heimatlosen Kleinen,
Ihr Flehen rührte mich, ich bot den Preis
Und schloß dich, selber noch ein kindlich Wesen,
Mit heißer Liebe an die junge Brust.
Man will dich trennen, doch du wichest nicht,
Umfaßtest mit den Händen meinen Nacken,
Bis sie der Schlaf, der tröstungsreiche, löste.
Erinnerst du dich jenes Tages noch?"

Melitta.
„O, könnt' ich jemals, jemals ihn vergessen?"   (II 5. S. 196.)

Die Drohung der Rivalin durch die eifersüchtige Sappho hat Kleist nicht; dagegen findet sich auch bei ihm der — allerdings durch Alcäus' Dazwischentreten veranlaßte — jähe Übergang Phaons von der Bewunderung zur tödlichen Beleidigung Sapphos.

Phaon.
„Laß mich, Weib! ich mag
Nicht deine Liebe. Immer, denkst du, soll
Ich wieder in mein Joch mich schmiegen, immer
Die alte Narrheit neu beginnen."   (Kleist II 5. 91.)

Vergl. Grillparzer:
„Als ich sie sah, da faßte wilder Taumel
Den aufgeregten Sinn, und willenlos
Stürzt' ich gebunden zu der Stolzen Füßen.
Dein Anblick erst gab mich mir selber wieder,
Erbebend sah ich mich in Circes Hause
Und fühlte meinen Nacken schon gekrümmt!
Doch war ich nicht gelöst, sie selber mußte,
Sie selber ihren eignen Zauber brechen."   (Grillp. III 6. 201.)

Der Schluß dieser Scene ist in beiden Stücken ähnlich:
Damophile.
„Nun, Phaon? Kannst du länger widersteh'n? —"

Phaon.

„Ich kann's!" (Zu Sappho.)
„Weg, heuchlerisches Weib!"
. . . .
(Er umfaßt Damophile und führt sie ab.)

Sappho.
„Phaon!
O, höre meine Stimme, Phaon, kehre wieder!" (Kleist II 5. 93.)

Phaon.
„O, hör' sie nicht! Blick' nicht nach ihr,
Ihr Auge tötet so wie ihre Hand."
. . . .
(Melitta fortziehend.)
„Komm! Schnell aus ihrer Nähe fort!"
(Führt sie ab.)

Sappho (mit ausgestreckten Armen, verhallend).
„Phaon!" (Grillparzer III 6. S. 201/2.)

Auch einen Anklang an den „Tasso" hören wir in dem Dialog dieses Aktes. Sapphos Worte:

„Nach Frauenglut mißt Männerliebe nicht,
Wer Liebe kennt und Leben, Mann und Frau.
Gar wechselnd ist des Mannes rascher Sinn
Dem Leben unterthan, dem wechselnden.
Frei tritt er in des Daseins offne Bahn,
Vom Morgenrot der Hoffnung rings umflossen,
Mit Mut und Stärke, wie mit Schild und Schwert,[1]
Zum ruhmbekränzten Kampfe ausgerüstet.
Zu eng dünkt ihm des Innern stille Welt,
Nach außen geht sein rastlos wildes Streben;
Und findet er die Lieb', bückt er sich wohl,
Das holde Blümchen von dem Grund zu lesen,
Besieht es, freut sich sein und steckt's dann kalt
Zu andern Siegeszeichen an den Helm.
Er kennet nicht die stille, mächt'ge Glut,
Die Lieb' weckt in eines Weibes Busen;
Wie all' ihr Sein, ihr Denken und Begehren
Um diesen einz'gen Punkt sich einzig dreht,
Wie alle Wünsche, jungen Vögeln gleich,
Die angstvoll ihrer Mutter Nest umflattern,
Die Liebe, ihre Wiege und ihr Grab

---

[1] Vergl. Kleist (I 3. S. 25):

„Betrogen?
Das ist der Mann wohl nie; ihm bietet sich
Die ganze Schöpfung an; bald mit dem Schwert,
Bald mit dem Geist zu wirken und zu schaffen."

>   Mit furchtsamer Beklemmung schüchtern hüten;
>   Das ganze Leben als im Edelstein
>   Am Halse hängt der neugebornen Liebe!"

erinnern an folgende Worte der Prinzessin:

>   „Nicht das! Allein ihr strebt nach fremden Gütern,
>   Und euer Streben muß gewaltsam sein.
>   Ihr wagt es, für die Ewigkeit zu handeln,
>   Wenn wir ein einzig nah beschränktes Gut
>   Auf dieser Erde nur besitzen möchten,
>   Und wünschen, daß es uns beständig bliebe.
>   Wir sind vor keinem Männerherzen sicher,
>   Das noch so warm sich einmal uns ergab.
>   Die Schönheit ist vergänglich, die ihr doch
>   Allein zu ehren scheint. Was übrig bleibt,
>   Das reizt nicht mehr, und was nicht reizt, ist tot.
>   Wenn's Männer gäbe, die ein weiblich Herz
>   Zu schätzen wüßten, die erkennen möchten,
>   Welch' einen holden Schatz von Lieb' und Treue
>   Der Busen einer Frau bewahren kann;
>   Wenn das Gedächtnis einzig schöner Stunden
>   In euren Seelen lebhaft bleiben wollte;
>   Wenn euer Blick, der sonst durchdringend ist,
>   Auch durch den Schleier dringen könnte, den
>   Uns Alter oder Krankheit überwirft;
>   Wenn der Besitz, der ruhig machen soll,
>   Nach fremden Gütern euch nicht lüstern machte:
>   Dann wär' uns wohl ein schöner Tag erschienen,
>   Wir feierten dann unsre goldne Zeit."   (II 1.)

Der vierte Akt der „Sappho" beginnt mit Monologen der Heldin. Wir vernehmen in ihnen den Schmerzensschrei des verwundeten Herzens und die Klage um den verlorenen Seelenfrieden. Sappho fühlt sich in ihrer weiblichen Schwäche tödlich getroffen und verhöhnt. Ihr gläubiges Empfinden hat die schmählichste Enttäuschung erfahren, und Rache und Sühne verlangt sie für die ihr zugefügte Schmach. In der Stille der Nacht kämpft sie lange mit sich selbst, und endlich ist ihr Entschluß gefaßt. Sie gebietet ihrem greisen Diener Rhamnes, Melitta in einem Nachen über das Meer nach Chios zu bringen und dort einem ihrer Gastfreunde zu übergeben. So will sie Phaon den Anblick der Geliebten entziehen. Rhamnes gehorcht und lockt Melitta unter dem Vorwande, Sappho verlange nach ihr, an die Meeresküste. Dort vernimmt die Geängstigte aus seinem Munde den Verbannungsbefehl ihrer Gebieterin, und flehentlich, aber vergeblich bittet sie, nach Sappho eilen zu dürfen, um ihre Gnade anzuflehen. Da naht ihr in Phaon, welcher inzwischen Verdacht geschöpft und den alten Diener erspäht hat, ein Helfer. Er zwingt den Rhamnes, von seinem Vorhaben abzustehen, und besteigt selbst mit Melitta das Fahrzeug, um mit ihr zu entfliehen. Aber die Hülferufe des Rhamnes locken Diener und Landsleute Sapphos herbei, welche, von der Dichterin angefeuert, die Fliehenden verfolgen, sie alsbald einholen und den verzweiflungsvoll sich wehrenden Phaon übermannen. — Im fünften Akte sehen wir dann, wie die Liebenden vor Sappho zurückgeführt werden. Melitta unterwirft sich ihrer Gebieterin mit der Pietät eines kindlichen Herzens, Phaon aber erschöpft sich in zornigen Vorwürfen gegen dieselbe, bis ihm endlich die Besinnung wiederkehrt und er an Sappho die Bitte um Versöhnung richtet:

"Gieb uns, was unser, und nimm hin, was dein!
Bedenke, was du thust und wer du bist!"

Nun fällt der Schleier der Täuschung, und Sappho erkennt ihre Verirrung. Sie sieht, wie tief sie sich entwürdigt, indem sie, die Dienerin und Priesterin der Götter, sich von ihrer Leidenschaft zur Gewaltthat hat hinreißen lassen. Mit Schmach bedeckt, darf sie nicht mehr mit entweihter Hand der Lyra Saiten rühren. So giebt sie denn die irdischen Dinge dahin, um die Größe des Herzens zu retten. Nachdem sie in der Stille des Hauses alle Gefühle des Hasses und der Rache niedergekämpft, tritt sie hohen und gefaßten Mutes zu dem liebenden Paar, ihm mit Verzichtleistung auf ihr eigenes Glück Frieden und Versöhnung bringend. Aus der Welt der Täuschung flüchtet sie zu den ewigen Göttern. In dem Schoße der wogenden Flut wählt sie ein freiwilliges Ende. —

Auch in diesen beiden letzten Akten seines Stückes ist Grillparzer seinem Vorgänger Kleist mehrfach gefolgt. Das erste Motiv, welches er mit ihm gemeinsam hat, ist die Flucht der Liebenden. Aber wie ungleich wirkt dasselbe in beiden Dramen! Bei Kleist begründet Phaon seinen Entschluß, Lesbos zu verlassen, also:

"Mitylen' ist mir verhaßt,
Ein rasend Weib quält mich mit ihrer Liebe;
Ein stolzer Dichterling mit seinem Spott.
Ich kann die Fülle deiner Reize hier
Nicht mit der sanften Ruh' genießen, die
Auf jede Wallung unsrer Seele lauscht." (II 9. S. 111.)

Hier offenbart sich die ganze künstlerische Ohnmacht des Berliner Schriftstellers! Mit welch' zwingender Notwendigkeit führt dagegen Grillparzer denselben Vorgang herbei! Wir sehen bei ihm in der Scene vor uns, wie Sapphos Eifersucht gewaltthätig in das Geschick der Liebenden eingreift, wie aber Phaon ihren Racheplan durchkreuzt und die Ausführung desselben durch die Überwältigung des Rhamnes vereitelt. Mit der Enthüllung dieses Anschlages wird sich Phaon mit einem Male der Gefahren bewußt, welche die Geliebte bedrohen, wenn sie durch ein längeres Verweilen auf Lesbos dem Zorne Sapphos ausgesetzt bleibt. Er hat kein anderes Mittel, Melitta vor der Vergeltung des beleidigten Frauenstolzes zu retten, als mit ihr, so schnell wie möglich, zu entweichen. So gewinnt das Motiv, welches bei Kleist so matt und schwächlich erscheint, bei Grillparzer Kraft und Spannung.

Für den Dialog der Scene, in welcher die Flucht der Liebenden vor sich geht, scheint Grillparzer allerdings hie und da Kleist benutzt zu haben. Bei letzterem sagt Phaon zu Melitta:

„Willst du dies Land,
Geschmückt von blühenden Gefilden und
Umkühlt von Myrten und Orangenwäldern,
Zum Tempel uns'rer Liebe machen?
Auf! So komm!" — (II 9. S. 112.)

Bei Grillparzer:

„O, folge! Unterm breiten Lindendach,
Das still der Eltern stilles Haus beschattet,
Wölbt, Teure, sich der Tempel uns'res Glück's." (IV 5. S. 217.)

Ferner Kleist:

„Doch sieh das weite Meer, wie schauerlich
Die Ferne scheint." (III 1. 115.)

Grillparzer:

„Es streckt die Ferne
Uns schutzverheißend ihren Arm entgegen,
Dort überm alten, grauen Meer
Wohnt Sicherheit und Ruh' und Liebe". (IV 5. S. 217.)

Kleist:

„Was unternimmt entflammte Liebe nicht?
O, wolltest du; ich schwämme, dich im Arm,
Mit kühnem Trotze durch die Fluten, und
Ich weiß gewiß, Kythere würde mich
Ein sicheres Gestad erreichen lassen." (III 1. S. 115.)

Grillparzer:

„Erzitterst du? Erzittre, holde Braut,
Die Hand des Bräutigams hält dich umschlungen!
Komm mit! Und folgst du nicht, bei allen Göttern!
Auf diesen Armen trag' ich dich von hinnen
Und fort und fort bis an das End' der Welt!" (S. 217.)

Kleist:

„Der Wind ist günstig, und
Der Schiffsherr ist mein Freund . . .
Die Liebesgötter werden uns vor Sturm bewahren." (S. 112.)

Grillparzer:

„Fort! Die Sterne blicken freundlich,
Die See rauscht auf, die lauen Lüfte weh'n
Und Amphitrite ist der Liebe hold." (S. 128.)

In beiden Stücken vernimmt Sappho mit Zorn und Schmerz die Nachricht von der Flucht des Liebespaares. Vergl. Kleist (III 5. S. 139).

Alcäus.
„Hast du auch Mut genug,
Das Schrecklichste zu hören?
Sappho.
Mut genug!
Was weiß ich nicht?
Alcäus.
Er ist mit ihr entfloh'n.
Sappho.
Wer? Phaon?
Alcäus.
Phaon mit Damophile
Ist nach Sizilien entfloh'n.
Sappho.
Betrüger!"

Grillparzer (IV 8. 220):
Sappho.
„Du, Rhamnes, hier?
Und wo ist sie?
Rhamnes.
Melitta?
Sappho.
Ja doch!
Rhamnes.
Fort!
Sappho.
Sie fort und du noch hier?
Rhamnes.
Entflohen mit —
Sappho.
Halt ein!
Rhamnes.
Entfloh'n mit Phaon?
Sappho.
Nein!
. . . . Du lügst!"

Auf diese überraschende Kunde hin eilt Sappho an das Ufer und erblickt das Fahrzeug Phaons. Sie spricht bei Kleist (III 7. 149 f.):

„Wo bist du, Phaon? Phaon, kommst du nicht? —
Ach Götter! Dort ein Schiff! und schon so fern,

So fern! Wie es die Fluten treiben! Wie
Der Wind die Segel schwellt! O höre mich,
Du mächt'ger Erderschütterer, höre mich!
Kehr' um den goldnen Dreizack, daß das Meer
Zum Spiegel jetzt sich ebne, und der Zephyr
Zurück die Flüchtigen mir bringe! Ach!
Die Wogen stillen sich noch nicht, schnell flieht
Das Schiff am dunklen Saum des Horizonts!
O, Götter, Götter! habt ihr kein Erbarmen?
Du, Donnerer, nicht Blitze, mich zu töten?
O, schleudre in des Meeres Tiefen mich,
Daß ich mein Elend nicht erblicke."

Bei Grillparzer (IV 8. S. 221):
„Und wo blieb euer Donner, ew'ge Götter!
Habt ihr denn Qualen nur für Sapphos Herz?
Ist taub das Ohr und lahm der Arm der Rache?
Hernieder euren rächerischen Strahl,
Hernieder auf den Scheitel der Verräter!
Zermalmt sie, Götter, wie ihr mich zermalmt! —
Umsonst! kein Blitz durchzuckt die stille Luft.
Die Winde säuseln buhlerisch im Laube,
Und auf den breiten Armen trägt die See
Den Kahn der Liebe schaukelnd vom Gestade!
Da ist nicht Hülfe! Sappho, hilf dir selbst!"

Hier ist die direkte Nachahmung unzweifelhaft. Die Situation ist die gleiche und die Gedanken sind dieselben. — In Kleists wie in Grillparzers Drama sinkt dann Sappho erschöpft zu Boden. Hier nimmt Eucharis, dort Zibno sie in ihre Arme. Vgl. Kleist (III 7. 180):

Sappho (richtet sich halb auf).
„Da war sein Schiff, da ging
Es auf der Flut; wo ist es nun? O, zeig'
Es mir! wo ist es nun? Verschwunden, ach!
Verschwunden!"

Grillparzer (V 1. S. 223/4):

Rhamnes.
„Noch nichts,
So weit das Auge trägt, nur See und Wolken,
Von einem Schiffe nicht die kleinste Spur.

Sappho (emporfahrend).
Schiff! Wo?

Rhamnes.
Wir sah'n noch nichts, Gebieterin.

Sappho (zurücksinkend).
Noch nicht! — Noch nicht!"

Bei Kleist schließt sich an die Flucht Phaons und Melittas unmittelbar die Katastrophe an. Als Sappho den Gegenstand ihrer Neigung unwiederbringlich verloren sieht, sucht sie den Tod in den Fluten. Grillparzer fügt dagegen, wie wir gezeigt, die Scenen der Verfolgung und gewaltsamer Zurückführung der Entwichenen ein. Nicht in Dissonanzen, sondern mit versöhnenden Accorden endigt seine Dichtung. Seine Sappho entsagt; sie stirbt nicht wie die Heldin des Kleistschen Stückes als ein verliebtes Weib, welches den Verlust ihres vergötterten Idols nicht überleben kann, sondern wie eine Priesterin, welche sich entweiht glaubt.

In einer der Schlußscenen vernehmen wir noch Anklänge an den Dialog des zweiten Aktes von Kleist. Phaon beteuert seine Liebe zu Melitta und ergeht sich in heftigen Vorwürfen gegen Sappho, bis Rhamnes — ähnlich wie Alcäus und Zibno im Kleistschen Stück — als Verteidiger der Dichterin gegen ihn auftritt.

Vergl. Kleist (II 7 S. 103/4).

Phaon.
„Und sollt' ich deinetwegen in die Nacht
Des Tartarus mich stürzen, und die Geister
Der Unterwelt besiegen — nichts ist mir
Zu mühsam, nichts zu schwer, das ich nicht gern,
Dich zu beschützen, unternähme."

Grillparzer (V 4. S. 236):
„Und gähnte hier die Erde vor mir auf,
Und donnerte die See, mich zu verschlingen,
Vermöchte sie die Kräfte der Natur
In grauses Bündnis wider mich zu einen,
Fest halt' ich diese, lachend ihres Zorns,
Sie selbst und ihre Drohungen verachtend!" —

Kleist (II 5. 87):

Alcäus.
„Halt ein mit diesem rasenden Geschwätz,
Verweg'ner Thor! Wenn du zu niedrig bist,
Die Liebe Sapphos zu verdienen, sollst
Du wenigstens in meiner Gegenwart
Sie nicht mehr kränken!"

Grillparzer (S. 236):

Rhamnes.
„Verachten? Sapho'n? Und wer bist du denn?
Daß du dein Wort magst in die Schale legen,
In der die Menschheit ihre Ersten wägt?
— — — — — — — — — — — —
Blödsicht'ger, frevler Thor, dünkt sie dir wertlos,
Weil ohne Maßstab du für ihren Wert? . . . .
. . . . Sprich nicht!"

Kleist (II 8. S. 107/8):
   Zidno (zu Phaon).
„Du siehst in jeder Blume Zeugen gegen dich,
Und jedes Schöne wird dein Richter!"
Grillparzer (S. 238):
   Rhamnes (zu Phaon).
„In jedes Menschen frommgesinnter Brust
Erhebt ein Feind dem Feinde sich des Schönen."
An F. W. Gubitz' Monodrama erinneren folgende Stellen.
Grillparzer (IV 2. S. 206):
   Sappho.
„O, Phaon, Phaon! Was hab' ich dir gethan? —
Ich stand so ruhig in der Dichtung Auen
Mit meinem goldnen Saitenspiel allein;"
und weiter (S. 204):
„Ihn hatt' ich vom Geschicke mir erlesen
Vor allen Sterblichen nur ihn allein;
Ihn wollt' ich stellen auf der Menschheit Gipfel,
Erheben hoch vor allen, die da sind,
Und über Grab und Tod und Sterblichkeit
Ihn tragen auf den Fittichen des Ruhmes
Hinüber in der Nachwelt lichte Fernen.
Was ich vermag und kann und bin und heiße,
Als Kranz wollt' ich es winden um sein Haupt,
Ein mildes Wort statt allen Lohns begehrend,
Und er? — lebt ihr denn noch gerechte Götter?"
Gubitz' Sappho S. 6 u. 7:
„O Phaon, der du treulos mir entflohst,
Was that ich dir, was hab' ich denn verschuldet?
Mein Dasein war in deinem aufgelöst,
Die Jugendzeit schien nur für dich verwendet,
Und all' mein Wissen war allein für dich!
Des Geistes sich're Welt hab' ich dir aufgeschlossen,
Das Höchste hab' ich freudig dir gelehrt;
Für dich allein mich täglich neu erschaffen,
An dich geschmiegt, wie an Unsterblichkeit!
Dem Ruhm der Lieder gab ich deinen Namen,
Zum fernsten Nachgeschlecht ihn hinzutragen;
Und du, dem ich die Ewigkeit verlieh,
Hast kalt mich der Verachtung preisgegeben."
Auch den etwas opernhaften Aufputz der Katastrophe hat Grillparzers
Tragödie mit Gubitz' Sappho gemeinsam.
Grillparzer (V 6. 244):
   Sappho.
„Die euch gehören, kennen nicht die Schwäche,
Der Krankheit Natter kriecht sie nicht hinan;

In voller Kraft, in ihres Daseins Blüte
Nehmt ihr sie rasch hinauf in eure Wohnung —
Gönnt mir ein gleiches, kronenwertes Los
. . . .
(Begeistert.)
Die Flamme lodert, und die Sonne steigt,
Ich fühl's, ich bin erhört! Habt Dank, ihr Götter!" —

Gubitz (S. 13):

„Vergebt mir, Götter, wenn ich euch geläftert,
Umpreßt hat schwindelnd mich ein Fieberwahn;
Ich weiß es ja, ich bin unnennbar elend,
Drum nehmt das Dasein gnadenreich mir ab!
(Heftig ergriffen.)
Bin ich erhört? Beflügelt wird die Seele,
Ein holder Knabe reichet, schön geschmückt,
Des Lebens Fackel zum Erlöschen dar;
Ich danke, Kind!"

Ich lasse hier zur ferneren Vergleichung die Schlußverse von Gubitz folgen:

„Von Geistern seh' ich rings die Bahn erhellen,
Die leicht zu meiner sel'gen Heimat führt,
Schon fühl' ich ätheran die Seele schwellen,
Sie reizt mich auf, (?) vom Götterhauch berührt,
Um über Allvergänglichkeit erhaben,
Die Fesseln in den Wellen zu begraben.
(Sie stürzt den Felsen hinan und spricht im höchsten Ausdruck der Begeisterung.)
Mit Wunderkraft trägt mich ein Götterbote!
Ob wild die Wogenflut am Felsen bricht,
Sie macht mich frei! Ihr weiß' ich nur das Tote!
O, Zeus, Erbarmer! Jetzt verlaß mich nicht!
Was zeigt sich dort? Der Iris Friedensbogen?
Triumph, Triumph! Umarmt mich sanft, ihr Wogen!"
(Sie stürzt hinab.)

Die Schlußscene der „Sappho" Grillparzers ist, wie der Leser leicht finden wird, ungefähr von der nämlichen Bauart. —

In der Analysierung der Elemente, aus welchen diese Tragödie erwachsen ist, können wir also sehr weit vordringen, vielleicht weiter, als bei Grillparzers sämtlichen anderen Dramen. Daß er Gubitz' Monodram benutzt, wage ich nicht zu behaupten. Die angeführten Parallelstellen reichen nach meiner Ansicht nicht aus, diese Annahme zu begründen. Dagegen ist uns der Einfluß des „Tasso" und der „Corinna" auf ihn durch seine eigenen Aufzeichnungen bezeugt. Auf dem Wege unwillkürlicher Reproduktivität sind die gekennzeichneten stofflichen Elemente aus diesen beiden Werken in seine Tragödie übergegangen. Daß Grillparzer ferner die „Sappho" von Kleist als Vorlage gebraucht hat, glaube ich im Vorhergehenden hinreichend bewiesen zu haben. Denn Ähnlichkeiten, ja, fast wörtliche

Übereinstimmungen, wie wir sie vielfach in den Dramen dieser beiden Autoren antreffen, können nicht zufällig sein. Kleist hat dem österreichischen Tragiker vorgearbeitet und ihm das Schaffen erleichtert. Denn dankbarer und weniger mühevoll ist es, einen bereits dramatisch zugerichteten Stoff zu verbessern, als ganz neu zu erfinden. Der Ruhm Grillparzers, seine „Sappho" in dem kurzen Zeitraum von vier Wochen vollendet zu haben, ist dadurch in etwa gemindert. Auch gebührt von dem Lobe, welches der Dichter so reichlich mit diesem Trauerspiele geerntet, dem Vorgänger sein, wenn auch bescheidenes Teil.

Im übrigen wäre es albern, Grillparzer wegen der Benutzung des Kleistischen Stückes einen Vorwurf zu machen. Solche Entlehnungen haben zu allen Zeiten stattgefunden. Die griechischen Dramatiker behandelten meistens dieselben in allen ihren Motiven fertigen Stoffe. Shakespeare schöpfte aus den italienischen Novellisten, gestaltete aber auch ältere Dramen um, so daß Greene ihn die Krähe nannte, „welche sich mit fremden Federn schmückt". Im „König Johann" folgte er dem 1611 herausgegebenen Werke „Troublesome reign of John King of England", in der Komödie „Der Widerspenstigen Zähmung" dem 1594 veröffentlichten „Taming of a schrew", in der „Komödie der Irrungen" dem Plautus. Und Schiller verfuhr nicht anders. Es ist wahrscheinlich, daß er für seinen „Don Carlos" sich manches aus Thomas Otways gleichnamigem Drama angeeignet hat, in dem sich die Liebe zwischen dem Prinzen und der Königin, sein Verhältnis zur Eboli, welche Carlos liebt, aber, von ihm verschmäht, König Philipp zur Eifersucht reizt, und endlich sogar der Marquis Posa finden. Thatsache ist es, daß Schiller zu seinem „Wallenstein" einzelnes sogar wörtlich einem Roman von Benedikte Naubert „Thekla von Thurn" entlehnt hat. Diese Beispiele mögen genügen. Nicht darauf kommt es bei der Frage der Originalität in erster Linie an, was ein Dichter aus den Werken eines anderen schöpft, sondern wie er es entlehnt. Das wirkliche Talent bleibt auch in der Aufnahme des Fremden groß und originell, während der Stümper sich keinen Zoll breit von seiner Schablone entfernt. Der echte Dichter weiß die gefundenen Ideeen zu vertiefen und fruchtbar zu machen; er weiß aus mattem Gestein funkelnde Diamanten zu schleifen. Und diese Fähigkeit, das Entlehnte durch geniale Umbildung zu seinem Eigentume zu machen, beweist Grillparzer in der „Sappho" in hohem Grade. Er hat es verstanden, aus einer Karikatur ein Kunstwerk zu schaffen.

III.
Charakteristik, Bau und Sprache.

Grillparzer hatte in seiner „Ahnfrau" eine Schicksalstragödie geschaffen. Wir sehen in dieser Dichtung mehr äußere Vorgänge als innere psychologische Entwicklung. Die Personen bethätigen sich in den Ereignissen, welche der Zufall oder, richtiger gesagt, das mysteriöse Fatum zumeist herbeiführt. In der „Sappho" jedoch schaffen sich die Personen die Ereignisse selbst. Alle Begebenheiten in dieser Tragödie entspringen lediglich aus dem Zusammentreffen und Aufeinanderwirken der Charaktere. Der Zufall oder das Schicksal ist ausgeschlossen.

Drei Figuren hat das Stück, auf welche alle Fäden der Handlung zurücklaufen: Sappho, Phaon und Melitta. In der Gegenüberstellung derselben hat der Dichter den Grundgedanken des Werkes, den Zwiespalt zwischen Ideal und Wirklichkeit, zwischen der Kunst und dem naiv genießenden Leben ausgeprägt. In Sappho verkörpert sich das idealistische, in Phaon und Melitta das realistische Element, die beiden letzteren haben, wie Grillparzer sagt, „die Partie des Lebens". Die lesbische Dichterin steht selbstverständlich im Mittelpunkte des tragischen Gemäldes. In ihr gelangt die Subjektivität des Dramatikers am unmittelbarsten zum Ausdruck. Die Einsicht in sein eigenes Wesen hat diese Figur gestaltet.

Sappho ist keine Griechin, sondern eine moderne Frauengestalt, eine Corinna im antiken Kostüm, eine Seele voll idealen Schwunges, edel, hingebend, offen, hülfsbereit, liebevoll, aber leidenschaftlich, eine gebietende Erscheinung voll Schönheit und Hoheit, eine vollentfaltete Frauenblume. Die Rückblicke, welche sie selbst im ersten Akt des Stückes auf ihre Vergangenheit wirft, erschließen uns das Verständnis für die Entwicklung ihres Charakters. Früh erduldetes Leid, der Tod der Eltern, der Verlust der Geschwister, Kränkungen und Enttäuschungen in der Freundschaft und Liebe, wie sie gerade idealen Naturen, welche Welt und Menschen nicht zu nehmen pflegen, wie sie sind, sondern wie sie sein sollten, am wenigsten erspart bleiben, gaben ihrem Wesen einen elegischen Zug und flößten ihr eine gewisse Scheu vor der Berührung mit der rauhen Wirklichkeit ein. In einer gleichsam fürstlichen Stellung inmitten eines Volkes, welches in ihr ein geistig höher stehendes Wesen und zugleich voll Dankbarkeit eine Wohlthäterin verehrt, von Bewunderung umgeben und doch in den tiefsten Regungen ihres Herzens nicht verstanden, der Hingabe einer Seele entbehrend, der sie sich ganz erschließen könnte, lebte Sappho ein von der bunten Welt des Tages sich abwendendes, das Schöne suchendes und schauendes Innenleben. In geistiger Einsamkeit und Resignation vollzog sich die Weihe und volle Ausgestaltung ihres Genius, reifte das Weib zur Künstlerin und wuchs heraus aus der engumgrenzten Idylle frauenhaften Wirkens. Sappho betrat die Bahn des Ruhmes, und die Kunst führte sie zu den höchsten Triumphen. Sie hat ein lebendiges Gefühl von der Verantwortlichkeit für die ihr anvertraute Gabe. Sie weiß, daß sie „den hohen Göttern eigen", daß sie eine Auserwählte ist. Und doch hat auch sie Momente, in denen die Flügel ihrer Seele sinken, in denen sie es als ein Opfer empfindet, aus dem engeren Rahmen der weiblichen Lebensordnung herausgetreten und des Ruhmes und der Ehrsucht „Schatten" gefolgt zu sein. Im Glanze des Ruhmes ist ihr die Sehnsucht nach dem verlorenen Eden, nach dem Glücke stiller Verborgenheit geblieben, und die Stimmen der Bewunderung vermochten nicht die Stimme ihres Herzens zum Schweigen zu bringen, welche ihr sagt, „daß Leben doch des Lebens höchstes Ziel sei." Auch Sappho wünscht sich zuweilen das naive Fühlen des Kindes zurück, das liebevolle Verständnis für das Nächste und Kleinste, das Aufgehen in genügsamer Häuslichkeit, das im besonderen Sinne Weibliche, welches ihrer edel erhobenen und zart behüteten Künstlernatur fehlt. Denn dadurch, daß Sappho nur dem Ideal ihre hochstrebende Seele zuwandte, hat sich ihr ganzes Sein naturgemäß in einer gewissen Einseitigkeit entwickelt. Ihr Blick hat die Schärfe für die Prüfung der wirklichen Dinge verloren. Liegt es doch im Wesen der Vergeistigung, daß sie den Menschen der realen Welt nur allzuleicht entfremdet und den frischen Lebenstrieb, die volle Empfänglichkeit für den Genuß des Augenblicks verkümmern läßt. Naturen wie diejenige Sapphos müssen entweder entsagen oder ihrer höheren Bestimmung untreu werden. Der Dualismus ihres Wesens fordert entweder das eine oder das andere.

Und trotzdem tritt Sappho aus ihrer Resignation heraus und wagt es, sich dem Leben neu zu erschließen. Das mächtigste der menschlichen Gefühle, die Liebe, verführt sie zu diesem Schritte. Ich habe gezeigt, wie die lesbische Dichterin dazu kommt, ihre Neigung einem jüngeren Manne zu schenken, und wie Grillparzer diese Verirrung, welche im gewöhnlichen Leben leicht in etwas zweideutigem Lichte erscheint, auf das glücklichste zu veredeln gewußt hat. Sappho sucht nicht den Mann ihrer Wahl, sie glaubt ihn gefunden zu haben und seines Besitzes ganz sicher zu sein. Der Zauber seiner Schönheit und Jugend fesselt sie, seine Schwärmerei für sie schmeichelt ihr, seine Bescheidenheit rührt sie. Honoré Balzac sagt irgendwo, edle Frauen widerständen wohl einer Liebe, die sie empfinden, seltener einer Liebe, die sie einflößen. Das Gefühl des Triumphes über eine Neigung, die sie erwecken, einer Wirkung, die sie auf den Mann üben, soll noch weit gefährlicher sein, als das Gefühl, das sie selber für den Mann hegen. Dem Mitleid erliegen sie dann, der Zauber, den sie üben, bezwingt sie sicherer. — Auch Sappho fühlt freudig die Macht, welche ihre Persönlichkeit auf den schönen Jüngling ausübt. In ihm glaubt sie eine wahlverwandte Seele gefunden zu haben, und mit aller Glut ihres Herzens klammert sie sich an das Glück der ihr entgegengebrachten Neigung. Wie der Wilde sich ein Götzenbild verfertigt und alsdann vor der eigenen Schöpfung anbetend sich niederwirft, so umkleidet Sappho nach Art phantasievoller Frauen den Mann ihrer Wahl mit all dem zauberischen Schimmer ihrer Ideale und liebt alsdann das selbstgeschaffene Bild. Sie schildert Phaon, wie Ophelia den Hamlet:

"Wo ihr des Kriegers Schwert bedürft,
Des Redners Lippe und des Dichters Mund,
Des Freundes Rat, des Helfers starken Arm,
Dann ruft nach ihm und suchet länger nicht." (II 1.)

Mit dieser Selbsttäuschung beginnt die Schuld der Sappho. Das Leben rächt sich an ihr, indem es ihr Idol zertrümmert.

Denn Phaon besitzt nicht die geistige und sittliche Größe, um würdig an der Seite einer Sappho stehen zu können. Er ist ein echt Grillparzerscher Held, und es ist bekannt, daß Grillparzer keine Männercharaktere zeichnen kann. Im vollen Gegensatz zu Lord Byron, welcher, selbst ein Mensch ohne Selbstbeherrschung, ein Spielball verwöhnter Launen und des gereizten Eigensinns, seine Helden gern so ausnehmend stolz, stoisch, imperatorisch im Wollen und Handeln schildert, formt der östreichische Dramatiker meistens schwankende Männercharaktere, wetterwendische, der Laune des Augenblicks sich fügende Naturen. Auch Phaon ist nichts weniger als eine bedeutende Persönlichkeit. Er ist ein schwärmerischer Jüngling, nicht ohne ritterliche Anwandlungen, aber noch nicht gestählt und erprobt durch die That, daher noch ohne Festigkeit und Sicherheit in seinem Handeln, noch allzu rasch und überlegungslos

---

[1] Vergl. Hamlet:
"O, welch ein edler Geist ward hier zerstört,
Des Hofmanns Auge, des Gelehrten Zunge,
Des Kriegers Arm, des Staates Blum' und Hoffnung,
Der Sitte Spiegel und der Bildung Muster,
Das Merkziel der Betrachter!" (III 1.)

seinem inneren Triebe folgend, von einem Extrem leicht ins andere fallend. Er bewundert in Sappho das Glanzbild seiner schwärmerischen Vorstellungen. Seine Verehrung für sie entspringt dem geistigen Zuge seines Wesens. Er liebt sie „wie man Götter wohl, wie man das Gute liebet und das Schöne". Mit dieser geistigen Gemeinschaft muß sich Sappho genügen lassen. —

Wir sehen, daß der Konflikt in der Charakteranlage der beiden Hauptpersonen begründet ist, und er entwickelt sich nach ganz natürlichen Gesetzen. Phaon kann nur solange glauben, daß er Sappho liebe, bis er die wahre Liebe kennen lernt, bis Melitta zwischen ihn und die Dichterin tritt. Der Kontrast zwischen diesen beiden Frauengestalten ist meisterhaft von Grillparzer veranschaulicht. Sapphos Erscheinung ist in Schwermut, jene Melittas ganz in kindliche Anmut getaucht. Auf Sapphos Antlitz ruht der Glanz der Abendsonne, auf dem Melittas das Frührot des Morgens. Es umgiebt sie jener Zauber der Harmonie, welche die griechischen Künstler um die Gestalten einer Psyche oder Hebe gebreitet haben. Während bei Sappho vorwiegend die Erkenntnis — der Geist — ist bei Melitta das zarteste Empfinden — das Herz — der Ausgangspunkt für all' ihr Thun und Handeln. In Sappho verkörpert sich die herrschende Liebe, in Melitta das entgegengesetzte Extrem, die Liebe in ihrer Passivität. Wundervoll charakterisiert Sappho ihre jugendliche Rivalin:

„Obschon nicht hohen Geist's, von mäßigen Gaben,
Und unbehülflich für der Künste Übung,
War sie mir doch vor andern lieb und wert
Durch anspruchsloses, fromm bescheidnes Wesen,
Durch jene liebevolle Innigkeit,
Die langsam, gleich dem stillen Gartenwürmchen,
Das Haus ist und Bewohnerin zugleich,
Stets fertig, bei dem leisesten Geräusche
Erschreckt sich in sich selbst zurückzuziehen.
Und um sich fühlend mit den weichen Fäden,
Nur zaudernd waget, Fremdes zu berühren,
Doch fest sich saugt, wenn es einmal ergriffen,
Und sterbend das Ergriffne nur verläßt."   (III 6. S. 182.)

„Melitta ist, wie Wilhelm Scherer sagt[1], was sich Sappho sehnt zu sein. Ihr Wesen ist das Zauberland, nach welchem Sappho umsonst verlangende Arme ausstreckt. Der Grundton Melittas ist Idylle, der Grundton Sapphos ist Elegie. . . . Melitta und Sappho stehen sich gegenüber wie das Naive und Sentimentale nach Schillers Anschauung. Melitta ist Natur, Sapphos Verhängnis die Kunst."

Der Reiz, welchen Sappho durch ihren Geist, durch die Idealität ihres Wesens auf Phaon ausübt, hat in dem Moment ein Ende, da er sich

---
[1] Scherer a. a. O. S. 208.

Melitta nähert, „dem lieben Mädchen mit dem stillen Sinn", welches in seinem ganzen Denken und Empfinden ihm ungleich näher steht, als die lorbeergekrönte Dichterin. Das Unglück Melittas, ihre Verlassenheit, ihre niedrige Stellung unter den Sklavinnen Sapphos erregen das tiefste Mitgefühl des Jünglings, und ihre unberührte Unschuld und Schönheit gewinnen sein Herz. Die Scene, in welcher die beiden jugendlichen Gestalten von Liebe zu einander ergriffen werden, hat Grillparzer aus seinem vollen Empfinden herausgeschaffen. Sie trägt wie keine andere den Stempel seines Geistes. In ihrer naiven Zartheit, in ihrer süßen Grazie erinnert sie unwillkürlich an Goethes „Alexis und Dora". In beiden Dichtungen heben sich die Gestalten der Liebenden von dem blühenden Hintergrunde eines reizenden Naturbildes anmutig ab. Über Dora wiegt sich die Myrte, über Melitta die Rose. Doras Hand pflückt zum Geschenk für den Freund, welcher im Begriffe steht, sich dem ungastlichen Meere anzuvertrauen, des Gartens köstliche Früchte; Melitta spielt mit Blumen. Unter kindlichem Geplauder entzündet sich die Liebe, bis sie plötzlich wie ein Glutstrahl hervorbricht, und die Lebensblumen der glücklichen Menschen ihre Knospen sprengen. „Durch die Eilfertigkeit", schreibt Schiller über Goethes Idyll,[1] „welche das wartende Schiffsvolk in die Handlung bringt, wird der Schauplatz für die beiden Liebenden so enge, so drangvoll und so bedeutend der Zustand, daß dieser Moment wirklich den Gehalt eines ganzen Lebens bekommt." In ähnlicher Weise erhöht Grillparzer den spannenden Reiz der Situation. Die Rufe Sapphos und der Mädchen, welche Melitta suchen, tönen in die Scene herein, scheuchen die Plaudernden auf Augenblicke aus ihrem Selbstvergessen auf und drohen ihrem Zusammensein ein jähes Ende, ehe die Herzen sich gefunden. In beiden dichterischen Bildern dieselbe rührende Unbefangenheit, dieselbe blühende Sinnlichkeit![2]

Mit Sapphos Erscheinen zerrinnt der Zauber der Idylle, und bald zieht sich das Gewitter dunkler Leidenschaft über dem von Grazien und Furien bewachten Haupte der Heldin zusammen. Es folgt die Schilderung, wie Sapphos vermeintliches Glück in tiefen Schmerz, ihre Liebe in Eifersucht und Rachsucht sich verwandelt. Für die Darstellung dieser psychologischen

---

[1] In seinem Briefe an Goethe v. 18. Juni 1796. Vergl. Heinrich Döring, Friedrich Schillers auserlesene Briefe in den Jahren 1781—1805. Zeitz 1834. S. 216.

[2] Georg Ebers hat in seinem bekannten Roman „Eine ägyptische Königstochter" (Bd. I S. 153 ff.) eine ganz ähnliche Scene. Wie Phaon und Melitta treffen Bartja und Sappho bei den Rosenbüschen des Gartens zusammen, und auch hier reicht die Jungfrau dem liebgewonnenen persischen Freunde eine Rose zum Angebinde. Der Verfasser sagt in der Vorrede seines Werkes, daß ihm beim Niederschreiben dieser lieblichen Episode unwillkürlich jambische Verse aus der Feder geflossen seien. — ... Sollte ihn vielleicht die Muse Grillparzers inspiriert haben? —

Entwicklung war gerade im vorliegenden Falle eine außergewöhnliche Kraft und Sicherheit erforderlich. Denn wir haben bereits erkannt, daß Phaon der Liebe einer Sappho nicht würdig ist, und daß sie durch seine Untreue nicht allzuviel verliert. Daher würde eine leidenschaftliche Klage Sapphos um den Verlust des Geliebten bei uns keine reine und tiefe Teilnahme erwecken können, weil wir den Grund ihres Schmerzes nicht für vollwichtig ansähen. Dazu kommt, daß die Neigung der Dichterin einem jüngeren Manne gilt — ein Moment, welches wahrlich nicht die Tragik des Konfliktes erhöht, sondern im Gegenteile die im Hintergrunde lauernde Komik leicht herbeizieht. Ein Dichter, der einen solchen Konflikt tragisch behandeln will, muß sich vergegenwärtigen, daß er auf jener Grenze wandelt, wo vom Erhabenen bis zum Lächerlichen nur ein Schritt ist, und daß ein Fehlstrich genügt, das Gemälde zu karifieren. Frau von Staël und Franz von Kleist scheiterten beide an den inneren Schwierigkeiten dieses Stoffes und gelangten unmerklich in das Gebiet der unfreiwilligen Komik. Grillparzer aber hat es verstanden, dem verfänglichen Thema die tragische Weihe zu geben. Er weiß seine Heldin so durch die gefährliche Krisis zu führen, daß sie noch immer soviel Hoheit und Größe bewahrt, daß wir ihr unsere Sympathie nicht versagen. Ihr geistiges Bild trübt sich uns auf Augenblicke, aber wir empfinden diese Störungen doch nur als momentane, vorübergehende; noch leuchten im Bilde der leidenschaftlichen Sappho die ursprünglichen, edlen Züge auf. Und das war notwendig. Denn nur in dem Falle wirkt der Untergang Sapphos tragisch, wenn wir in ihr einen im tiefsten Grunde hohen und edlen Geist erkennen, der durch seine Hamartia dem Geschicke verfällt. —

Als Sappho Gewißheit von Phaons Untreue erlangt hat, bäumt sich zunächst das Selbstgefühl in ihr auf:

„Sappho verschmäht um einer Sklavin willen?
Verschmähet? Wer? Beim Himmel! und von wem?"

Dann beklagt sie — nicht den Verlust des Geliebten — sondern ihren eigenen Wahn und den dadurch verlorenen Seelenfrieden:

„O, Thörin! Warum stieg ich von den Höh'n,
Die Lorbeer krönt, wo Aganippe rauscht,
Mit Sternenklang sich Musenchöre gatten,
Hernieder in das engbegrenzte Thal,
Wo Armut herrscht und Treubruch und Verbrechen?
Dort oben war mein Platz, dort an den Wolken,
Hier ist kein Ort für mich, als nur das Grab.
Wen Götter sich zum Eigentum erlesen,
Geselle sich zu Erdenbürgern nicht;
Der Menschen und der Überird'schen Los,
Es mischt sich nimmer in demselben Becher.

> Von beiden Welten eine mußt du wählen,
> Hast du gewählt, dann ist kein Rücktritt mehr;
> Ein Biß nur in des Ruhmes goldne Frucht,
> Proserpinens Granatenkronen gleich,
> Reiht dich auf ewig zu den stillen Schatten,
> Und den Lebendigen gehörst du nimmer an!
> Mag auch das Leben noch so lieblich blinken,
> Mit holden Schmeichellauten zu dir tönen,
> Als Freundschaft und als Liebe an dich locken.
> Halt ein, Unsel'ger! Rosen willst du brechen
> Und drückst dafür die Dornen an die Brust!" (III 2. 190/1.)

Weil Sappho sich ihres Wertes bewußt ist, so sieht sie auch in ihrer Liebe ein schätzenswertes Gut, das denjenigen ehrt, dem sie es zuwendet. Um so tiefer fühlt sie sich entwürdigt, um so bitterer gekränkt, als sie inne wird, daß sie dieses Geschenk an einen Mann verschwendet hat, dem jeder Maßstab dafür fehlt. Indem Phaon ihr eine Sklavin vorzog, hat er ihr Schmach zugefügt und schnöde die Achtung und Dankbarkeit verletzt, welche er ihr schuldet. Diese mit Lebhaftigkeit ergriffene Vorstellung des erlittenen Unrechts läßt bei der hohen Energie und Reizbarkeit ihres Charakters den Zorn in ihr aufflammen, und ihre feindselige Erbitterung richtet sich — echt weiblich — zuerst gegen diejenige, in welcher sie die Zerstörerin ihres Glückes erblickt. Als sie nun dieser gegenüber steht, bricht beim Anblick der kindlichen Unschuld derselben die Milde und Güte ihres Wesens wieder durch, bis sie, durch der Rivalin plötzlichen Widerstand gereizt, zur offenen Bedrohung derselben übergeht und dadurch den vollständigen Bruch mit dem als Beschützer Melittas auftretenden Phaon herbeiführt.

Hier treffen wir nach meiner Ansicht den schwächsten Punkt der Tragödie. Die Art und Weise, wie Phaon plötzlich seine Gesinnung gegen Sappho wechselnd, ihr die tödlichsten Beleidigungen zuschleudert, hat etwas Brutales. Kein anderer Held Grillparzers, selbst der schwache, egoistische Jason nicht, bricht so rücksichtslos mit der Frau, die er verehrt hat, und der er zu innigem Danke verpflichtet ist. Daß Phaon sich der bedrohten Melitta annimmt, ist natürlich, und seine Liebe zu ihr fordert, daß er um ihretwillen die Neigung Sapphos preisgiebt; daß er sich aber zur Schmähung und Beschimpfung derjenigen Frau hinreißen läßt, für die er noch vor wenigen Stunden die höchste Bewunderung hegte, und die er zudem durch seine Treulosigkeit schwer gereizt hat, das ist erbärmlich und beweist, daß er nicht weiß, was Sappho bewegt und was sie bedeutet. Wäre die Leidenschaft der Getäuschten nicht in so hohem Grade entfesselt, so müßte sie sich mit Verachtung von ihm abwenden. So aber trägt Phaon durch seinen schmählichen Undank nur neuen Zündstoff in das lodernde Feuer und giebt

Sapphos Bruſt allen Furien preis. Die Betrogene will nicht zulaſſen, daß der Verräter des Glückes froh werde, welches er durch einen Frevel an ihr erkauft. Auch Melitta ſoll nicht ungeſtraft bleiben:

„Sie iſt mein Werk, was wär' ſie ohne mich!
Und wer verwehrt dem Bildner wohl ſein Recht,
Das zu zerſtören, was er ſelber ſchuf?"

Aber jeder Schritt, den Sappho jetzt in der Empörung ihres Inneren thut, bringt ſie dem Abgrunde näher. Ebenſo thöricht, wie ihrer unwürdig iſt ihr Verſuch, die beiden Liebenden gewaltſam zu trennen, und als derſelbe fehlſchlägt und Phaon als Gefangener wieder vor ſie hintritt, da vermag ſie ihr Auge nicht mehr frei aufzuſchlagen. Wie ein Pfeil trifft jedes ſeiner Worte ihr ſchuldbeladenes Herz. Aber der Trotz, mit dem er ſich gegen ſie auflehnt, läßt zuerſt noch keinen Gedanken der Verſöhnung in ihr aufkommen. Als er jedoch ruhige Faſſung wiedergewinnt, als er ihr ſeinen Irrtum eingeſteht, dem er ſich in betreff ſeiner Gefühle für ſie hingegeben, als er ſich an ihr edleres Selbſt wendet und ſie an ihren hohen Beruf mit den Worten mahnt:

„Mit Höhern, Sappho, halte du Gemeinſchaft,
Man ſteigt nicht ungeſtraft vom Göttermahle
Herunter in den Kreis der Sterblichen.
Der Arm, in dem die goldne Leier ruhte,
Er iſt geweiht, er faſſe Niedres nicht.
— Zu niedrig glaubte dich mein Zorn,
Zu hoch nennt die Beſinnung dich — für meine Liebe" (S. 233.)

als er mit Melitta die Bitte um Verſöhnung an ſie richtet, da findet er den Weg zu ihrem Herzen. Sie ſieht ſich ſchuldig, und es gelingt ihr, ihrer Schwäche Herr zu werden. Sie entſchließt ſich zu entſagen und zu ſterben.

Die meiſten Kritiker ſtimmen darin überein, daß die Kataſtrophe nicht überzeugend genug motiviert iſt.[1] Es fehlt ihr nämlich der Zwang objektiver Notwendigkeit, welcher einer wahren, tragiſchen Kataſtrophe eigen ſein muß. Eine ſolche muß den Charakter des Unabwendbaren, Unerbittlichen tragen, ſie muß unter den gegebenen Verhältniſſen als die einzig mögliche Löſung des Konfliktes erſcheinen. Dieſen Eindruck des Unvermeidlichen macht aber die Kataſtrophe der „Sappho" keineswegs. Es iſt keine Stelle in dem Stücke, wo durch eine That der Heldin ihr Tod unabweisbar beſtimmt würde. Objektiv genommen, hat die Liebe Phaons nicht ſo hohen Wert und ſie iſt nicht derart mit dem Weſen Sapphos verwachſen, daß die mit den Täuſchungen des Lebens und der Liebe hinreichend bekannte Frau den Verluſt derſelben nicht überleben könnte. Ein Phaon iſt kein Mann, um

---

[1] Vergl. Wilhelm Scherer a. a. O. S. 234. Johannes Volkelt a. a. O. S. 47. Emil Kuh S. 32.

dessentwillen die erste Dichterin Griechenlands in den Tod gehen muß. Auch ist, wenn man bedenkt, wie sehr Sappho gereizt wurde, ihre Schuld nicht so schwerwiegend, daß sie nicht durch ihre Entsagung gesühnt wäre. Aber Sapphos Geisteszustand ist durch den Ansturm der verschiedenartigsten Affekte und zwar innerhalb weniger Stunden, durch den jähen Übergang vom Glück zur Verzweiflung, vom höchsten Triumphe zur äußersten Erniedrigung völlig getrübt, und es erscheint ihr in dieser augenblicklichen Gemütsverdunklung ihr Verlust, ihre Schuld, ihre Schmach unverhältnismäßig größer, als sie in Wirklichkeit sind. Sie glaubt in diesem verhängnisvollen Momente, daß all' ihre geistigen Schätze ihr entschwundenes Herzensglück nicht ersetzen können, daß sie als fühlendes Weib nicht mehr erfüllen könne, was ihr hoher Beruf von ihr fordere. Darum will „sie sich die Qual längeren Ringens ersparen" und erhebt sich mit einem einzigen Befreiungsakte über die vorhergegangene tragische Erschütterung.

Wir sind also dahin geführt, den Selbstmord Sapphos aus vorwiegend subjektiven Gründen zu erklären; diese aber reichen, wie gesagt, nie ganz zur Motivierung einer wahrhaft tragischen Katastrophe aus. Man gewinnt nicht die volle Überzeugung, daß, als Sappho ihren Irrtum erkennt, als die Sklavenkette, woran der realistische Wille zum Leben sie bis an den Abgrund geführt hat, zerreißt, ihr poetischer Genius sich nicht wieder erheben könnte, daß Sappho nicht in edler Resignation zu ihrer höheren, künstlerischen Lebensaufgabe zurückzukehren vermöchte. Wie Viktor Scheffel im „Ekkehard" die Erhebung, so hätte Grillparzer hier die Rückkehr des von der Leidenschaft gereinigten Geistes zu wahrhaft idealer und humaner Wirksamkeit schildern können. Das wäre eine Lösung im christlichen Sinne gewesen.

Statt dessen hält Grillparzer die überlieferte Katastrophe fest; er versetzt sich in die Weltanschauung der Griechen, deren Streben nach vollem Lebensgenusse, nach vollem Sichausleben ging. Wenn das Schicksal solches verweigerte, so hatte der Mensch das Recht, den Zwiespalt mit dem Leben durch Selbstvernichtung zu überwinden.

Im übrigen ist der geistige Gehalt des Stückes durchaus nicht griechisch, und den Vorwurf, den man deswegen Grillparzer machte, wies er damit zurück, „daß er nicht für Griechen, sondern für Deutsche geschrieben habe." In ihrer ewig menschlichen Bedeutung, und nicht in ihrer griechischen Eigenart, wollte er die sagenhaften Gebilde des Altertums wieder aufleben lassen. „Der Dramatiker", sagt er, „soll keine Suppositionen machen, sondern Handlungen und Schicksale von allgemein menschlichem Interesse vorführen".[1]

---

[1] Vergl. Adolf Foglar, Grillparzers Ansichten über Litteratur, Bühne und Leben. Wien 1872. S. 26.

Grillparzer versetzte sich in die althellenische Welt, um auf diesem Wege „aus dem engen dumpfen Leben in des Ideales Reich zu flüchten."[1] „Antike Anschauungen," bemerkt Scherer,[2] „antike Empfindungen, antikes Heldentum, antike Lebensverhältnisse, darauf war es von ihm nicht abgesehen. Und jeder Vorwurf, den man hieraus ableitet, ist ungerecht." Grillparzers Sappho hat — vielleicht zufällig — einige Charakterzüge mit ihrem historischen Originale gemeinsam, nämlich die leidenschaftliche Empfindlichkeit neben großer Herzensgüte und die hohe, von Selbstgefühl getragene Auffassung ihrer dich=
terischen Sendung.[3] Sonst aber hat der Dichter sie durchaus unserem Fühlen genähert, ebenso wie Goethe seine Iphigenie, welche bekanntlich ganz anders empfindet als die gleichnamige Heldin des Euripides.[4] Bei Goethe

---

[1] Aus Schillers Gedicht „Das Ideal und das Leben".
[2] Wilhelm Scherer a. a. O. S. 198.
[3] Jenes rührende, aber von großer Empfindlichkeit zeugende Geständnis der Sappho: „Gerade diejenigen, denen ich wohlthat, diese verletzen mich am meisten" (Ὅτινας γὰρ εὖ θέω, κῆνοί με μάλιστα σίνονται . . . Bergk a. a. O. Sappho 12 [87] läßt auch Grillparzer seine Heldin aussprechen: „Ich weiß, wie Undank brennt, wie Falschheit martert" u. s. w. (I 3 153). Was Sappho von sich selbst sagt: „Ich bin keine, die lang' ihren Zorn behält, sondern habe ein sanftes Gemüt" [Ἀλλά τις οὐκ ἔμμι παλιγκότων ὄργαν, ἀλλ' ἀβάκην τὰν φρέν' ἔχω . . . ebenda (79)] hören wir ähnlich bei Grillparzer aus Melittas Munde:
„Denn wenn auch manchmal rasch und bitter,
Doch gut ist Sappho, wahrlich, lieb und gut." (II 4. 175.)
Wie die lesbische Dichterin im Gefühle ihres Wertes ausruft: „Die Musen haben mir Ehre gebracht durch das Geschenk ihrer Werke" [. . . αἴ με τιμίαν ἐποίησαν ἔργα τὰ σφὰ δοῖσαι ebenda 10 (11)] so rühmt sich auch Grillparzers Sappho mit dem Reichtum, welchen die Gabe der Dichtung ihr verliehen:
„Es schmähe nicht den Ruhm, wer ihn besitzt,
Er ist kein leer=bedeutungsloser Schall,
Mit Götterkraft erfüllet sein Berühren!
Wohl mir! Ich bin so arm nicht! Seinem Reichtum
Kann gleichen Reichtum ich entgegensetzen." (I 5. S. 163.)
[4] Diese scheut sich nicht, den König der Taurier zu betrügen, indem sie, die geistige Umnachtung ihres Bruders Orestes benutzend, vorgiebt, mit dem Bilde der Göttin, welches durch den mit der Schuld des Mordes belasteten Fremdling befleckt worden sei, ans Meeresgestade zu ziehen, um es dort mit „frischer Welle zu benetzen." In Wahr=
heit aber will sie es auf das hellenische Fahrzeug bringen und mit den Ihrigen ent=
fliehen. Vor solcher Lüge bebt die Iphignie Goethes, die christlich empfindende zurück. Die Art und Weise, wie ihre reine, milde versöhnende Weiblichkeit aus eigener Kraft, ohne rituelle Beihülfe den Sieg erringt über die Gewalt und List der Männer, wie sie den Frieden in die Brust des von den Furien verfolgten Orestes zurückbringt, erweckt unsere Sympathie in weit höherem Grade als der rücksichtslose Egoismus der Iphigenie des Euripides und mutet uns ganz christlich=romantisch an. Goethe hatte nicht umsonst vor dem Bilde der heiligen Agatha gestanden. „Ich habe mir," schreibt er, „diese Gestalt

jedoch ist die Vermählung und Vermischung des hellenischen Geistes mit christlich-romantischer Empfindung so schön und rein, die verschiedenartigen Elemente fließen so sanft und unmerklich in einander, daß der harmonische Eindruck des Ganzen nirgends gestört wird. Das ist bei Grillparzer nicht im gleichen Maße der Fall. Während Goethe das tragische Problem seiner „Iphigenie", die Vernichtung des Fluches, welcher durch mehrere Geschlechter das Haus des Tantalus verfolgt, dem Ideenkreise der griechischen Tragödie entnahm, aber die Lösung desselben im christlichen Sinne gestaltete, stellt Grillparzer in seiner „Sappho" ein Problem dar, zu welchem sich in der antiken Dichtung schwerlich eine Analogie finden dürfte. Die Auffassung des Dichterberufs als ein dem Leben entfremdendes, inneres Martyrium dürfte der hellenischen Welt, in welcher wir Kunst und Leben auf das innigste verschwistert sehen, in welcher „der Poet wahrhaft in seinem Volke wurzelte," — nicht recht verständlich gewesen sein. Und während Goethe sich auch darin enger an die hellenischen Tragiker anschließt, daß er dem erotischen Elemente in seinem Drama nur untergeordnete Bedeutung giebt und dafür die Geschwister- und Freundesliebe zu Haupttriebfedern des tragischen Konfliktes macht, ist bei Grillparzer — wie in manchen antikisierenden Tragödien Corneilles und Racines — die Liebe der Heldin der Haupthebel der Aktion, und sie ist dargestellt in der ganzen schwärmenden Sentimentalität eines Zeitgeistromans. Auch in den kleineren Zügen des tragischen Gemäldes drängt sich die moderne Anschauung oft allzu störend vor. Heidnische Sätze sind in seltsamer Weise mit christlichen Begriffen vermengt. So ruft z. B., im Wunsche zu sterben, Melitta aus: „Nehmt mich hinauf zu euch, ihr Götter!" (II 3. 171.) Nach griechischer Vorstellung von dem Fortleben nach dem Tode müßte es heißen: „Laßt mich hinunter!" Denn Elysium und Tartarus, die Stätten der abgeschiedenen Seelen, liegen in der Unterwelt. Doch genug! Nicht in der treuen Wiedergabe der hellenischen Anschauungs- und Empfindungsweise lebt der griechische Geist in Grillparzers „Sappho" auf, sondern in der maßvollen Schönheit und Klarheit der Form, in der mit aristotelischer Strenge vollkommen gewahrten Einheit der Komposition und in der durchweg edlen, idealen Haltung der Sprache.

In der Technik dieses Stückes ist der Dichter der „Iphigenie" und des „Tasso" Grillparzers Vorbild gewesen. Er gesteht selbst, in diesem Drama „mit dem Kalbe Goethes gepflügt zu haben."[1] „Sappho" hat die sparsame, knappe Ökonomie der „Iphigenie", den verhältnismäßig geringen

---

wohl gemerkt und werde ihr im Geist meine Iphigenie vorlesen und meine Heldin nichts sagen lassen, was diese Heilige nicht aussprechen möchte." (Brief aus Bologna vom 19. Oktober 1786.)

[1] Vergl. Werke Bd. XV S. 150.

Umfang und die Beschränkung nach Ort, Zeit und Personenzahl. Die ganze
Tragödie enthält nicht mehr als drei und dreißig Auftritte, darunter zwölf
längere Monologe. Äußere Thaten geschehen nicht viel in dem Stücke; wie
Goethe in seinem klassischen Griechendrama läßt der Dichter Gefühl gegen
Gefühl streiten und schafft aus den innerlichen Vorgängen seine Handlung.
Darum bleibt das äußere Bühnenbild ruhig und geschlossen, wie heiß auch
die Leidenschaften sieden, wie fieberhaft auch der Puls der Tragödie schlägt.
Gewahrt ist die Einheit des Ortes. Eine malerische Küstenlandschaft bildet
den einzigen Schauplatz der dramatischen Begebenheiten. Die Zeitdauer der=
selben umfaßt zwei Tage.[1] Der scenische Aufbau des Ganzen verrät den
kundigen Bühnendichter. Der erste Akt enthält die Exposition und führt
uns alle Personen des Stückes vor. Die Voraussetzungen der Handlung
legt die dritte Scene dar und zwar in Form eines stimmungsvollen Dialogs,
in welchem die Wirkung des Geschehenen sich lebendig wiederspiegelt, und
wir zugleich auf die Zukunft hingewiesen werden, so daß wir der weiteren
Entwicklung mit Spannung entgegensehen. Dann stockt die Handlung, aber
der Mangel an dramatischer Bewegung wird hier weniger fühlbar, weil in
den Ruhepausen der Aktion die Lyrik ihre zartesten Blüten treibt.

Im zweiten Akte führt das Gegenspiele die Handlung aufwärts, und
in der fünften und sechsten Scene dieses Aufzuges gewahren wir seine
Wirkung auf den Hauptcharakter. Dann erhebt sich mit der Darstellung
der erwachenden Eifersucht Sapphos und ihrer Erkenntnis der Untreue
Phaons das Drama zu seinem Höhepunkte. Im fünften und sechsten Auf=
tritt des dritten Aktes sehen wir den zweiten entscheidenden Zusammenstoß
des Spiels und Gegenspiels, und die beengende Schwüle der Stimmung
durchbrechen die Schläge des sich entladenden tragischen Gewitters. Darauf
kommt im vierten Akte mit dem erneuten Eingreifen Sapphos in die Absichten
des Gegenspiels und dem Widerstande desselben, welcher wieder eine lebhafte
Reaktion von seiten der Heldin herbeiführt, kräftiger Fluß in die Handlung,
und sie strömt ohne Unterbrechung und Stauung abwärts. Mit dem Sprung
vom Felsen gewinnt die Komposition ein theatralisch wirksames Finale.

[1] Auf die Einheit der Zeit legt Grillparzer großes Gewicht. „Die Form des
Dramas," sagt er, „ist die Gegenwart, welche es bekanntlich nicht giebt, sondern nur
durch die ununterbrochene Folge des nach einander Vergehenden gebildet wird. Die
Nicht=Unterbrechung ist daher das wesentliche Merkmal derselben. Zugleich ist die Zeit
nicht nur die äußere Form der Handlung, sie gehört auch unter die Motive: Empfin=
dungen und Leidenschaften werden stärker oder schwächer durch die Zeit. Wenn ich den
Zuseher zwinge, die Stelle des Dichters zu vertreten und durch Reflexionen und Rück=
erinnerungen die weit entfernten Momente an einander zu knüpfen, so verliert sich jene
Unmittelbarkeit der Wirkung, welche die Stärke derselben bedingt und das Charakteristische
des gegenwärtig Wirkenden ist." (Werke Bd. XV S. 117.)

Der einfache Bau des Stückes wird durch keine Seitenläufer unterbrochen, sondern greift mit allen Gliedern eng ineinander. Es dürfte schwer halten, eine Scene von dem Ganzen loszulösen, ohne die Entwicklung der Tragödie störend zu beeinträchtigen. Führt auch nicht jede Scene die Handlung energisch weiter, so entrichtet sie doch der Charakteristik ihren Zoll.

Beachtung verdient, daß Grillparzer, wie Goethe in der „Jphigenie", darauf verzichtet hat, den Chor in sein Drama einzuführen, obwohl ja bei der Behandlung eines antiken Stoffes die Versuchung nahe lag, auch dieses hervorstechendste dramatisch-antike Element nachzubilden. Die Gründe, welche Grillparzer davon Abstand nehmen ließen, hat er in der bereits erwähnten, im Jahre 1817 geschriebenen Abhandlung über den Chor in der alten Tragödie ausgesprochen:[1] „Der Chor," heißt es darin, „gab den Dramen der Alten einen Charakter der Öffentlichkeit." ... „Ich meines Teiles würde eine Anstalt nicht lieben, die mich zwänge, alle Empfindungen und Situationen, die nicht den Charakter der Öffentlichkeit vertragen, aufzugeben." „Sein Verhalten gehört unter die theatralischen Suppositionen, deren auch wir haben, z. B. unser: beiseite, unsere Darstellung der Nacht, wo sich die Personen auf dem Theater unter einander nicht sehen, wir aber doch sie u. s. w." Aus der ganzen, flüchtig hingeworfenen Skizze spricht der praktische Sinn des modernen Theaterdichters, welcher die eigene Gestalt, die das deutsche Theater sich nun einmal gebildet hat, gewahrt wissen will, weil sie ihm zur Hervorbringung einer vollen dramatischen Wirkung genügende Mittel bietet. Grillparzer schien es kein lohnendes Wagnis, den griechischen Chor nachzubilden, weil die moderne Bühneneinrichtung den Bedürfnissen desselben keinerlei Rechnung trägt, denn es fehlt dem Chor seine Thymele, seine Orchestra zu Spiel und Tanz, mit einem Worte sein regelmäßiger Platz. Auch gebricht es dem modernen Zuschauer durchaus an der naiven Anschauung, es mangelt ihm das Verständnis dafür.[2]

Trotz dieser Abneigung gegen eine Verpflanzung des griechischen Chors auf die moderne Bühne war Grillparzer nicht blind gegen die Vorzüge desselben. Er erblickt diese wie Schiller namentlich „in der strengen Scheidung des dramatischen und lyrischen Elements der tragischen Poesie, welche leider

---

[1] Werke Bd. XIV S. 3 ff.
[2] In letzterer Hinsicht äußerte sich Grillparzer bei der Nachricht, daß Ludwig Tieck im Berliner Hoftheater die Medea des Euripides aufführen wolle, am 14. Mai 1823 folgendermaßen: „Soll ein modernes Publikum, dem die Bestimmung des griechischen Chores unbekannt ist, nicht lachen, wenn dieser auf der Bühne müßig steht und klagt und zusieht, während Medea das Gräßlichste verübt? Wie viele wissen es denn, daß der Chor an der Handlung keinen Teil hat, sondern ein lyrisches Element ist?" Vergl. Foglar a. a. O. S. 23. Der Mißerfolg der Aufführung hat Grillparzer recht gegeben. —

bei den Neuern verwischt sind, bei den Alten aber eben durch den Chor sich gesondert zeigen".[1]

Wie Goethe sucht Grillparzer den Chor durch lyrische Monodieen in etwa zu ersetzen. Ein Seitenstück zu dem Parzenlied am Schlusse des vierten Aktes der „Iphigenie" ist die Ode an die Liebesgöttin, welche Grillparzer in der letzten Scene des ersten Aktes seine Heldin sprechen läßt. Wie jenes sich ganz natürlich an den von Reflexion und Empfindungen durchkreuzten Monolog der Iphigenie anschließt, so ist auch Sapphos Lied noch von der lyrischen Stimmung des vorhergehenden Dialogs getragen. Es war ein glücklicher Griff des Dichters, dieses herrliche Lied der lesbischen Sappho in die Tragödie, welche ihren Namen trägt, hineinzuflechten.[2] Er folgt in seiner Übersetzung nicht wortgetreu dem griechischen Originale, sondern verändert manche Züge desselben. So übersetzt er gleich in der ersten Strophe das Wort $\pi oικιλόθρονος$ mit goldenthronend und $\dot{\alpha}\theta\dot{\alpha}\nu\alpha\tau ος$ gar nicht.

Die Verse:
$$\ldots \kappa\dot{\alpha}\lambda οι\; δέ\; σ'\; \ddot{\alpha}γον$$
$$\ddot{\omega}κεες\; στρο\tilde{υ}θοι\; περ\dot{\iota}\; γ\tilde{α}ς\; μελα\acute{\iota}νας$$
$$π\acute{υ}κνα\; διν ε\tilde{υ}ντες\; πτέρ'\; \dot{\alpha}π'\; \dot{\omega}ρ\dot{\alpha}νω$$
$$α\dot{\iota}θέ-$$
$$ρος\; δι\dot{\alpha}\; μέσσω\; (\text{V}.\; 9-13.)$$

giebt er, $\mu ελα\acute{\iota}νας$ fälschlich als Attribut zu $πτέρα$ ziehend, also wieder:

„Und deiner Sperlinge fröhliches Paar
Munter schwingend die schwärzlichen Flügel
Trug dich vom Himmel zur Erde herab."[3]

---

[1] „Der Chor", sagt Schiller in der Einleitung zur ‚Braut von Messina', „reinigt das tragische Gedicht, indem er die Reflexion von der Handlung absondert und eben durch diese Absonderung sie selbst mit poetischer Kraft ausrüstet."

[2] Sophie Schröder wußte mit dem Vortrag dieses Gedichtes große Wirkung zu erzielen. „Der Kulminationspunkt ihrer Deklamation," schreibt der schwedische Dichter Atterbom nach der ersten Aufführung der Sappho, „war eine Hymne an Aphrodite, in der Grillparzer mit bewunderungswürdiger Geschicklichkeit die uns übergebliebenen größeren und kleineren Fragmente (!) Sapphos zu einem berauschenden Ganzen zusammengeflochten hatte, und die ohne Zwang und Gelehrsamkeit, im Geist, Stil, Versmaß vollkommen griechisch klangen; die Hymne recitierte sie mit einer an Gesang grenzenden Aussprache und begleitete sie dazu mit der Harfe. So ungefähr muß die wirkliche Sappho, so Corinna ihre Lieder vorgetragen haben." (P. J. A. Atterbom a. a. O. S. 193/4.)

[3] Grillparzers Freund, der unlängst verstorbene Hofrat Joseph v. Weilen, schrieb mir am 8. Aug. 1888. „Der Dichter zeigte mir später in dem herrlichen, säulengeschmückten, mit den Fresken Grauns gezierten Bibliothekssaale die Stelle, wo er damals gestanden und dem Bücherschranke eine griechische Anthologie entnommen, welche die Bruchstücke der mutmaßlich Sapphoschen Gedichte enthielt. Dort hatte er, wie er versicherte, aus dem Stegreife und mit zitternder Hand die schönen Verse übersetzt, welche den Schluß des ersten Aktes seiner Tragödie bilden."

Doch von weiteren derartigen Ausstellungen will ich, weil der Dichter eine freie Nachbildung und keine getreue Übertragung des Gedichtes bezweckte, absehen und nur noch hervorheben, daß er die vorletzte Strophe, aus welcher hervorgeht, daß Sapphos Liebe einer Jungfrau gilt, verändert hat, damit das Gedicht in den Rahmen seines Trauerspiels hineinpasse. Auffallender erscheint die Veränderung, welche Grillparzer mit dem metrischen Gewande des Liedes vorgenommen hat. Den einfachen, wirksamen Rhythmus des Sapphischen Verses, welcher mit einem Trochäenpaare sinnig und gehalten anhebt, dann durch den Daktylus in der Mitte heitere Beweglichkeit gewinnt, um wieder träumerisch in einem Trochäenpaare auszutönen, hat er vollständig zerstört. Bei Grillparzer haben wir vierhebige Verse, bald mit, bald ohne Auftakt, und ein= oder zweisilbige Senkungen; die Pause ist abwechselnd klingend und stumpf, jenes in ungeraden, dieses in den geraden Zeilen. Man vergleiche:

"Golden=thronende Aphrodite,
Listenersinnende Tochter des Zeus,
Nicht mit Angst und Sorgen belaste,
Hocherhabne! dies pochende Herz!

Sondern komm, wenn jemals dir lieblich
Meiner Leier Saiten getönt,
Deren Klängen du öfter lauschtest
Verlassend des Vaters goldenes Haus" u. s. w.

Vielleicht hat den Dichter zu dieser Umschmelzung der Vers= und Strophenform des Gedichtes die Erwägung bestimmt, daß der eigenartige Rhythmus des antiken Metrums das moderne Theaterpublikum ungewohnt und fremdartig berühren würde. Grillparzer war überhaupt ein Gegner der Nachbildung antiker Versarten und erblickte in der Aneignung derselben keinen Gewinn für die deutsche Dichtkunst, "weil sie dem Genius unserer Sprache zuwider seien."

Von der Betrachtung dieser lyrischen Monodie gehe ich nunmehr zu einer Betrachtung der dramatischen Sprache des Trauerspiels über. Am meisten offenbart sich in derselben der Einfluß unserer Klassiker Goethe und Schiller. Sie hat zuweilen den pathetischen Schwung des letzteren, meistens aber die süßere Musik Goethescher Rhythmen. Es prägt sich in ihr mehr der Dichter aus, welcher bestrebt ist, seine Gedanken in ein gleichmäßig schönes Gewand zu kleiden, als der Charakteristiker, welcher auch in der Form der Rede der Eigenart seiner Personen Ausdruck geben will. Für die Charakteristik benutzt Grillparzer im wesentlichen nur das Inhaltliche der Rede, und er verfährt in dieser Hinsicht dramatischer, als Goethe in der "Iphigenie". Dieser macht alle auftretenden Personen zu Trägern seiner

herrlichen Ideen. Sowohl die göttergeliebte Tochter des Agamemnon wie
der Taurierkönig Thoas verkünden Goethesche Weisheit. Was aber im
Munde der Hellenin natürlich klingt, wirkt befremdlich im Munde des Bar=
barenfürsten. Grillparzer in der „Sappho" sondert sich mehr von den auf=
tretenden Personen. Er läßt seine Heldin, Phaon und Rhamnes in der
Weise hochgebildeter, beschaulicher Naturen sprechen; sie erheben sich über die
Situation und verallgemeinern individuelle Erfahrungen zu klingenden Sen=
tenzen. Melitta und Eucharis aber läßt er zwar ihre Empfindungen in
derselben stilisierten Lebendigkeit äußern, jedoch hält er ihren Gedankenflug
niedriger. — Goethes Dialog bewahrt immer seine ideale Haltung, seine
hohe Feierlichkeit, seine sieghafte Würde. Seine Sprache ist bewunderungs=
würdig geschliffen und ausgemeißelt. Alles Unschöne und Prosaische in Wort
und Wendung hat der Dichter entfernt. Grillparzers poetische Form ist
dagegen nicht so vollkommen aus einem Gusse. Es finden sich Stellen, welche
die herrlichste Vereinigung lebensvoller Wahrheit und künstlerischer Stilisierung
zeigen, Eingebungen eines angeborenen Talentes, daneben aber auch andere,
welche, durch matte und triviale Wendungen und durch Härten der Form
entstellt, des poetischen Schimmers und Reizes entbehren. Es wirkt hie
und da fast komisch, wenn der Dichter — ohne eine charakterisierende Absicht
damit zu verbinden, was wohl zu beachten ist — neben hochpathetischen
Wendungen natürliche, der Sprache des Tages entnommene gebraucht, welche
uns plötzlich wie in eine andere Welt führen und das Vorhergehende wie
eine steife Konvention erscheinen lassen. Seine Personen legen zuweilen
plötzlich den Kothurn ab und reden wie gemütliche Östreicher. Zum Beweise
will ich hier einige Stellen anführen:

Sappho.
„Das volle Herz,
Es sucht oft lauter Freude vollen Jubel,
Um in der allgemeinen Lust Gewühl
Recht unbemerkt, recht stille sich zu freu'n.

Phaon.
Ja, so! . . .

Sappho.
Ich sah dich mit Melitten scherzen —

Phaon.
Melitta? — Was? — Ei ja, ganz recht! Nur weiter!

Sappho.
Es ist ein liebes Kind.

Phaon.
So scheint's, o ja!"

Dann begleitet weiter der träumerische Phaon die Reden Sapphos mit: „Recht schön! recht schön!" — „Recht schön fürwahr, recht schön!" und als die Dichterin meint: „Wir wollen ein andermal noch diesen Punkt besprechen" — stimmt Phaon ein: „Ganz recht! Ein andermal!" Oder folgende Stelle:

Rhamnes.

„Warum? — Je nu —

Weil (für sich) daß sie eben mir den Auftrag gab." (IV 4. S. 210.)

Wie Grillparzer seine Vergleiche manchmal mit einem häßlichen Worte verunziert, dafür ein Beleg:

„Die Lippen, die erst Götterlieder tönten,
Sie lächelten mit irdisch holdem Lächeln,
Das Antlitz, einer Pallas abgestohlen,
Verkehrt sich in ein Kindesangesicht." (III 2. S. 189.)

Es wäre Grillparzer ein Leichtes gewesen, diese Flecken der Form zu tilgen, aber ihm fehlte der unverdrossene Fleiß, welcher fort und fort am Werke bessert, bis dasselbe den möglichsten Grad der Vollkommenheit erreicht hat. Er teilt diese Scheu vor der Feile mit Lord Byron, der sich selbst mit dem Tiger verglich, „der, wenn er fehlspringe, sich knurrend in seine Höhle zurückziehe, aber, wo er treffe, auch zermalme." Wie der Dichter des „Kain" schrieb der östreichische Dramatiker seine Dichtungen in fliegender Hast, als fürchte er, der Geist könne von ihm weichen, bevor er seine Botschaft ganz vernommen. Wenn dann „die heilige Raserei" verschwunden war, galt ihm das Gedicht nur noch als ein abgelöster Teil seines Ichs. Er vermochte sich nicht mehr eingehender mit ihm zu befassen; was im ersten Wurfe nicht gelang, blieb uneben, wie es war. Glücklicherweise war in ihm, wie bei Byron, die poetische Inspiration so mächtig, daß sich ihm zumeist unmittelbar mit der Empfindung und dem Gedanken auch die edle Form vermählte, und man verzeiht dem Dichter manche Mängel seines Werkes, wenn man so reichlich wie in der „Sappho" mit wahrer Schönheit entschädigt wird. Lord Byron hatte im großen und ganzen recht, wenn er die erhabene Einfachheit der Diktion dieses Trauerspiels rühmte. Grillparzers dramatische Sprache in der „Sappho" hat nicht das blitzartig Wirkende, genial Überraschende, was den Dichtungen eines Lenau eigentümlich ist, nicht die farbenprächtige Malerei eines Anastasius Grün oder Karl Beck. Seine Sprache ist bei größerer Tiefe der Empfindung anspruchsloser und schlichter. Grillparzer ist überhaupt von allen namhaften, modernen, östreichischen Dichtern vielleicht der einzige, welcher nicht dem Pomp einer überladenen Diktion huldigt. Er sucht den unmittelbarsten Ausdruck des Gefühls; er will erwärmen und überzeugen, nicht blenden. Bescheiden trägt seine dramatische Rede den tropischen Schmuck, aber an der rechten Stelle weiß sie durch die Gewalt des Bildes zu wirken. Wie Goethe in der „Iphigenie" und im „Tasso", verschmäht Grillparzer nicht die ausgeführten, epischen Vergleichungen (vergl. II 6. S. 182 und III 1. S. 188); öfter aber faßt er den Gedanken in eine **Metapher** zusammen, z. B.:

„Schickt auf des Jubels breiten Fittichen
Den Namen der Beglückten zu den Wolken." (I 1. S. 148.)

„Da meiner Wünsche winterliche Raupen
Als goldne Schmetterlinge mich umspielen." (II 1. S. 167.)

„Erinnerung mit schmerzlich süßer Hand
Enthüllt die goldumflorte, lichte Ferne." (II 4. S. 175.)

„Und auf den breiten Armen trägt die See
Den Kahn der Liebe schaukelnd ans Gestade." (IV 8. S. 221.)

Auch die **Metonymie** liebt der Dichter, z. B.:

„Die jungfräuliche Stille glänzte lieblich
Durch all' den wilden Taumel des Gelags." (II 4. S. 173.)

„Es schien der Sklavinnen Vertraulichkeit
Gefährtin dich zu nennen." (ebenda.)

Die **Hyperbel** weiß er wirksam zu gebrauchen:

„Das ganze Leben als ein Edelstein
Am Halse hängt der neugebor'nen Liebe." (III 1. S. 186.)

„Zu ihrem Schutz wird diese Faust zur Keule." (V 3. S. 227.)

Von den formalen Figuren dialogischer Art benutzt Grillparzer, wenn auch nicht immer glücklich, die **Frage** (interrogatio), z. B.:

Sappho.
„Kennst du ein schwärzres Laster als der Undank?

Rhamnes.
Ich nicht.

Sappho.
Ein giftigeres?

Rhamnes.
Nein, wahrlich nicht.

Sappho.
Ein fluchswürdigeres, ein strafenswerteres?

Rhamnes.
Fürwahr, mit Recht belastet's jeder Fluch.

Sappho.
Nicht wahr? Nicht wahr? Die andern Laster alle,
Hyänen, Löwen, Tiger, Wölfe sind's,
Der Undank ist die Schlange. Nicht? Die Schlange!
So schön, so glatt, so bunt, so giftig!" (IV 2. S. 207.)

Wilhelm Scherer tadelt mit Recht diese Art und Weise, die Figur der Frage „auf Kosten der Wahrheit zu einem Deklamationseffekte zu benutzen; der Dialog erschiene hierdurch zu geradlinig, zu katechismusartig."[1] — Von den Gedankenfiguren ist dem Dichter die Antithese am geläufigsten. Vergl.

„Es binden Sklavenfesseln nur die Hände,
Der Sinn, er macht den Freien und den Knecht." (II 4. S. 173.)
„Erinnerung, daß nicht bloß in der Heimat,
Daß auch im fernen Land es Freunde giebt." (II 4. S. 176.)
„Gold schenkt die Eitelkeit, der rauhe Stolz,
Die Liebe und die Freundschaft schenken Blumen." (ebenda S. 177.)
„Doch nicht, weil sie gebeut, weil wir ihr dienen." (V 3. S. 229.)
„Ich suche dich und habe mich gefunden." (V 6. S. 242.)

Daß Grillparzer vertrauten, geistigen Verkehr mit den hellenischen Tragikern gepflogen, verraten die in seiner dramatischen Sprache hervortretenden antiken Elemente. Solche sind die wiederholten Klagerufe:

„Weh mir! ihr Glück, es steht zu hoch!" . . . (IV 2. S. 205.)
„Weh! sie stürzt, sie stirbt! —
Weh! es ist geschehen! . . .
Weh mir! Unmöglich, nein!" (V 6. S. 245.)

Wie im antiken Drama die bekannten Schmerzensrufe: αἲ αἲ αἲ αἲ — ὀττοτοτοτοττοτοί — παππα παππαπαπαί — οἲ οἲ οἲ οἲ.

Ferner die emphatischen Wiederholungen (die Figur der Epanalepsis):

„Nehmt mich
Hinauf zu euch! — Zu euch! — Zu euch!" (II 4. S. 171.)
„Er lügt, er raubt, betrügt, schwört falsche Eide,
Verrät und tötet! Undank! Undank! Undank!" (IV 2. S. 204.)
„Nur schnell, nur schnell! Bei allen Göttern schnell!" (IV 8. S. 222.)
„Zeig' dich als Göttin! Segne, Sappho, segne!" (V 3. S. 232.)

Vergl. damit Sophokles' Elektra 1400.

Chor.
„Wehe, o Stadt, o Geschlecht, verlorenes! Heute
Wirst du vom Todesgeschick vertilgt, vertilgt!"

Euripides' Medea 111.
„Ach, ach, ach, ach,
Ich erlitt, ich erlitt unsägliches Leid."

Die antik tragische Erhabenheit des Stils kennzeichnet sich ferner in vielen nach der Analogie der altepischen und Äschylischen Wortgefüge gebildeten Wortkompositionen. Der Dichter spricht von „wahnsinnglühender Lust" (S. 150), „wolkennahen Gipfeln" (151), „reizdurchwirkten Gürteln" (155), „goldumflorter Ferne" (175), von einem „kronenwerten Los" (244), ferner

---

[1] Wilhelm Scherer a. a. O. S. 219.

von der „frommgesinnten Brust" (238), „strenggeschlossenen Lippe" (240), „nimmerstillen Zeit" (206), „tiefgetretenen Spur" (162). Auch eine falsche Wortbildung findet sich. Grillparzer sagt:

„Ein Kleid von weißer Unschuldsfarbe floß
Hernieder zu den lichtverjagten Knöcheln." (I 3. S. 156.)

Der im antiken Drama so beliebten Stichomythie, jenes Wechsels der Rede Vers um Vers, bei welchem, wie A. W. Schlegel sagt, „Fragen und Antworten, Einwürfe und Widerlegungen wie Pfeile hin- und hergeschnellt werden," hat sich Grillparzer in der „Sappho" nicht bedient. In der „Medea" werden wir sie häufiger finden.

An den Wirkungen der Sprache hat die metrische Form nicht geringen Anteil. Das metrische Gewand erschien Grillparzer überhaupt als das Erfordernis eines guten Dramas. „Es ärgert mich," sagt er, „wenn ein guter Dramatiker in Prosa schreibt. Von jeher war der Vers die Sprache der Poesie, und Prosa die der Wirklichkeit. Die Poesie aber will sich eben von der Wirklichkeit entfernen, darum soll sie sich auch im Ausdruck von ihr unterscheiden; nur die Elemente muß sie von ihr nehmen. Poesie in Prosa ist Unsinn." Grillparzer hatte die „Ahnfrau" in Trochäen geschrieben; aber in der richtigen Erkenntnis, daß der jambische Fünffüßler mehr Ungezwungenheit, dramatische Kraft und Schwung besitzt, kehrte er in der „Sappho" wieder zum Jambus zurück.[2]

Fassen wir zunächst die Länge seiner Verse ins Auge. Wie Lessing, Goethe und Schiller nimmt sich Grillparzer die Freiheit, den fünffüßigen

---

[1] Adolf Foglar a. a. O. S. 29 ff.

[2] „Ich würde," sagte er zu Foglar, „immer die Jamben den Trochäen vorziehen, denn der vierfüßige Trochäus ist zu kurz, um einen vollen Satz auszusprechen, und längere werden matt. Man nimmt daher gewöhnlich zwei zusammen, aber meistens kommt eine breite, geschwätzige Diktion zum Vorschein." (a. a. O. S. 10.) — So sehr der vierfüßige Trochäus dem Genius der spanischen Sprache entspricht, ebenso sehr widerstreitet er dem Geiste der unserigen. Man lese Calderonsche und beliebige deutsche Trochäen und man wird den gewaltigen Unterschied sofort erkennen. Bei dem durch die reiche Vokalisation hervorgerufenen, pathetischen, dröhnenden Klang der spanischen Sprache bringt gerade die Kurzatmigkeit dieses Verses besonders pathetische Wirkungen hervor, umgekehrt wie bei uns die Kürze des Verses wirkt. Im Deutschen fängt der vierfüßige Trochäus im dramatischen und epischen Gedichte auf die Dauer unwiderstehlich an zu klappern, weil unserer Sprache der große Reichtum an vollen Vokalen fehlt, wie ihn die spanische besitzt, und wir fast immer nur das farblose e zur Verfügung haben. Der Versaccent ruht nur zu häufig auf geistig gleichgültigen Worten; z. B.

„Wie sich doch die Stunden dehnen,
Was ist wohl die Glocke, Bertha?"

Der vierfüßige Trochäus hat mehr das Gepräge des Komisch-Satirischen als das des Tragischen. Heine gebrauchte ihn mit Glück im „Atta Troll" und Immermann im „Tulifäntchen".

Jambus bald zum sechsfüßigen zu verlängern, bald zum vierfüßigen zu verkürzen.[1]

Wo der Dichter den Vers verkürzt, verbindet er in der Regel eine pointierende Absicht damit, z. B. S. 190:

„Der Bogen klang, es sitzt der Pfeil."

oder S. 243:

„Ihr habt der Dichterin vergönnt, zu nippen
An dieses Lebens süß umkränztem Kelch!
Zu nippen nur, zu trinken nicht.
O, seht! Gehorsam eurem hohen Wink,
Setz' ich ihn hin, den süß umkränzten Becher,
Und trinke nicht!"

In den abgebrochenen Versen scheint die Sprache zu stocken. — Zu diesen Freiheiten in betreff der Verslänge gesellen sich noch andere, wie namentlich der Gebrauch von Anapästen und Trochäen, z. B. S. 233 Gebieterin! Fort von mir! S. 181 Zu geh'n oder zu bleiben. — S. 198 Leg sie von dir. — S. 232 Strahlt aus der Gegenwart.

---

[1] Dreiundvierzig Sechsfüßler habe ich in der „Sappho" gefunden: S. 150 Der meines Wirkens — Mehr als ganz Griechenland — S. 151 Mit sanft bezwingender — S. 153 Daß ich den vollen — Weiß ich doch kaum — Der auf des Glückes — S. 155 Dort an den Pulsen — S. 157 Wie viel davon — Das ganze Leben schien — Den nicht verlöschten — Und Leben ist ja doch — S. 158 Für die kein Hunger ist — S. 161 Seit ich dich hier — S. 171 Und was das Herz — S. 175 Und die Erinnerung — S. 183 So gehst du also — S. 186 Wohl ist es schlimm — S. 188 Zu sagen scheinen — S. 191 Und den Lebendigen — Wie; oder meinem Aug' — S. 197. Daß das getäuschte Ohr — S. 200 Den fremder Übermut — S. 205 Ich eile zu vollführen — S. 207 Wie Phaon harrt — S. 209 Ein lästig Ding, selbst an — S. 214 Nach Chios? Ja, ein Gastfreund. — S. 216 Wenn wir in Sicherheit — S. 218 Voraus Du! Herr! — S. 220 Und greift dem Schlafverscheucher — S. 222 Und jeder Augenblick — S. 230 Doch werden Eltern mir — S. 231 Die Blume soll sie sein — S. 233 Zu hoch nennt die Besinnung — S. 234. Erzwungen wäre mir — S. 237 Der deine, ja! — S. 238 Die Rache wenigstens vermisse — Wenn sie dir wohlgefiel — S. 240. Die Götter wenden's ab! — Im Kreis von Marmorbildern — Schon wollt' ich nah'n — S. 242 In unsern Nachen führte — S. 243 Und mit der Erde nur — S. 245 Verwelkt der Lorbeer. — Außerdem finden sich achtzehn vierfüßige Jamben: S. 150 Dank, Freunde! Landsgenossen — S. 151 Wo ihr des Kriegers Schwert bedürft — S. 153 Drum mein Geliebter — S. 160 Wo waren deine Augen — S. 171 Hinauf zu euch! — S. 474 Die Wärterin naht — S. 180 Phaon! Sappho du — S. 182 Recht schön! Recht schön! Von all — S. 183 Ich höre: Liebe — S. 190 Der Bogen klang — S. 193 Im hellen Purpur — S. 201 Mir diesen Stahl — S. 203 Es ist die Nacht — S. 206 Wo rings kein Fußtritt — S. 217 Wohnt Sicherheit — S. 233 Zu dem's mich hin — S. 238 Wenn er sich Mitylenens — S. 243 Zu nippen nur. — Ferner kommen vor ein dreifüßiger Jambus S. 243 Erhabne heil'ge Götter — S. 244 ein zweifüßiger: „Und trinke nicht" — sowie 243 zwei Einfüßler: „Ich dank'" —.

In Bezug auf die Betonung der deutschen Worte sei erwähnt, daß Grillparzer ebenso wie Schiller und Goethe in drei- und mehrsilbigen Wörtern einer unbetonten Silbe die Hebung verleiht, wie herrliche, unsterbliche, Fittichen, Jünglinge. Der Artikel, auch ohne demonstrative Bedeutung, sowie Präpositionen und Partikeln werden zu Hebungen verwendet, z. B. Die Lippen, die erst Götterlieder tönten (S. 189). „Ich stürze auf dich zu, da denke doch" (ebenda). — Beachtung fordert die Betonung der griechischen Worte. Olympia gebraucht der Dichter bald dreisilbig (S. 148. Sie kehret von Olympia, hat den Kranz und S. 155 Eh' ich Olympias Türme noch geschaut, S. 166 Und meine Renner gen Olympia lenkte), bald viersilbig, z. B. S. 185 Und als der Vater nach Olympia, S. 189 Ich fand mich nach Olympia versetzt. Das Wort Phaon trägt den Ton bald auf der ersten, bald auf der zweiten Silbe, z. B. S. 208 O Phaon! Fort! Die Sterne. — S. 202 Komm' schnell aus ihrer Nähe fort, Phaon. In dem Vers „Von Andromedens und von Athis' Spielen" S. 154 ist das unbetonte e in der dritten Silbe des Wortes Andromeda Träger der Hebung, und das Wort somit falsch betont. Bekanntlich gebraucht auch Schiller die griechischen Worte vielfach so, daß sich Versaccent und Wortaccent nicht decken.[1]

Die Versausgänge sind bald stumpf, bald klingend. Die letzteren überwiegen an Zahl. In betreff derselben nimmt sich Grillparzer ähnliche Freiheiten wie der Dichter des „Nathan" und die beiden Weimarer Dioskuren. Er verwendet zu den klingenden Versausgängen nicht bloß solche Wörter, in welchen eine tonlose Silbe der hochbetonten folgt, wie „haben, locken, Göttern, lehrte", sondern auch zuweilen — wenn auch weit seltener als Lessing und Schiller — solche, in denen die letzte Silbe einen starken Nebenton hat, z. B. Mundschenk, Großmut, Ehrfurcht, Altar, Kleinod, Vorsprung, Abstich. Auch benutzt Grillparzer viel weniger als obige Autoren getrennte Worte zu dem klingenden Ausgang: S. 169 Holt nichts, 226 glaub' ich — will nicht.

Die Elision findet bei Grillparzer in der Regel statt, wenn an das Verbum sich ein einsilbiges vokalisch anlautendes Fürwort unmittelbar anschließt, in Fällen wie „steh' ich, glaub' ich, frag' ich, konnt' ich, nenn' ich,

---

[1] Vergl. „Zu reinigen die oft entweihte Scene
Zum würdigen Sitz der alten Melpomene."
(Aus dem Gedicht „An Goethe, als er den Mahomed v. Voltaire auf die Bühne brachte") und aus dem „Siegesfest"
„Denn Patroklus liegt begraben
Und Thersites kehrt zurück."

fänd' ich, dank' euch, gäb' er, fragt' er." Auch die Adverbialpräposition wird zumeist derart enklitisch angefügt; sieh' an, denk' auf. Doch finden sich hiervon vereinzelte Ausnahmen, S. 153 legte an, 233 daß sie dir blicke in.

Ich komme zum Enjambement. Grillparzer hatte gegen dasselbe eine Abneigung. Schon dem Knaben verleidete die Kühnheit der Enjambements in Lessings „Nathan" die Lektüre dieses Werkes. „In Lessings Nathan," heißt es in der Selbstbiographie, „störte mich die wunderliche Abteilung der Zeilen, der Verse."[1] Später äußerte sich der Dichter Foglar gegenüber: „Ich möchte Lessings Nathan zwar geschrieben haben; aber die Verse darin sind doch nicht angenehm. Oft schließen sie mit einem unbedeutenden Wort, oft wird der Sinn in den folgenden Vers hinübergezogen, und der Wohlklang gestört."[2] Bereits in seinem ersten Drama „Blanka von Kastilien" zeigt sich das Bestreben, das Enjambement möglichst zu vermeiden; der Fluß seiner Jamben ist glatt, und der Sinn deckt sich in der Regel mit dem Vers oder der Versgruppe. Das Nämliche gilt von der „Sappho". Ich will auf die wenigen Fälle, in welchen das Enjambement hier eintritt, näher eingehen.

„Beim Enjambement," sagt Friedrich Zarncke, „sind verschiedene Grade der Verschmelzung der beiden Verse, also der Aufhebung ihrer augenfälligen rhythmischen Selbständigkeit zu unterscheiden. Je näher die durch das Versende getrennten Begriffe zusammengehören, um so enger ist die Verschmelzung. Dabei aber ist zu unterscheiden zwischen solchen Worten, die Träger und Ausdruck einer bestimmten Vorstellung sind, und solchen, die nur auxiliarer Natur sind, wie Pronomina, Partikeln, Hülfszeitwörter u. s. w. Jene müssen zum Teil und können immer mit einem Nachdruck ausgesprochen werden, der eine Pause hinter dem Worte verlangt oder doch gestattet. Es ist dies also die mildere Form." So kann z. B. das Subjekt von seinem Prädikat getrennt werden.[3] S. 174 Ein wild Geschrei ‖ drang laut von allen Seiten. S. 175 Erinnerung mit schmerzlich süßer Hand ‖ enthüllt die goldumflorte, lichte Ferne. S. 156 Nun in des Siegs Begeisterung die Leier ‖ der Hand entfällt. Oder das Prädikat steht im ersten Verse und das Subjekt im zweiten. S. 168 Denn heute feiert ‖ das Fest der Liebe die Gebieterin.

Härter und bei Grillparzer sehr selten sind die Enjambements der zweiten Art, in welchen der erste Vers mit Worten schließt, welche der

---

[1] Werke Bd. XV S. 19.
[2] Foglar a. a. O. S. 40.
[3] Über den fünffüßigen Jambus mit besonderer Rücksicht auf seine Anwendung durch Lessing, Schiller und Goethe. Leipzig 1866. Bd. I S. 40.

Ergänzung durch die Worte des folgenden Verses bedürfen, und erst gemeinsam mit diesen eine genügende Vorstellung geben. Hier muß die Pause am Versende übersprungen werden; der Redesatz am Ende des einen Verses drängt haftig in den anderen hinüber. Z. B. wird das vorangehende Hülfszeitwort von seinem Hauptzeitworte getrennt. S. 173 Nur seinen Namen hat ‖ behalten das Gedächtnis. Oder die Adverbialpräposition wird vom Zeitworte losgelöst. S. 156 Sprach, Ruhm und Frieden sinnig zart bezeichnend, ‖ aus was der Dichter. Oder das Adverbium steht am Ende des ersten Verses, z. B. S. 156 Wie du nun sangst, wie du nun siegtest, wie ‖ geschmückt mit der Vollendung — S. 167 Vielleicht beweint ihr meinen Tod, vielleicht ‖ gab das Gerücht — Als ich sie noch nicht sah und kannte, nur ‖ die Phantasie ihr schlechtgetroffnes Bild — S. 180 Du standst so früh ‖ von unsrem Mahle auf. 198 Das also war's warum ‖ Du dich beim Mahle — S. 230 Der niemand eignet, als sich selber, hier ‖ in frevelhaften Banden festzuhalten. — Konjunktionen bilden hie und da das letzte Wort des ersten Verses. S. 169 Dem schönen Fremden zu kredenzen, und ‖ du scheu den Rand. S. 181 Von meinen Kindern möcht' ich sagen, denn ‖ ich habe stets. S. 196 Erinnerst du dich noch des Tages da ‖ vor dreizehn Jahren. Einigemal ist auch das relative Pronomen an das Ende des ersten Verses gesetzt. Dadurch drängt sich die Redewelle noch haftiger in den folgenden Vers hinüber.[1] S. 157 Dem Kinde das ‖ zum Vollgenuß des Lebens sie bestimmt. S. 242 Wie einen lieben Reis' genossen, den ‖ auf kurzer Überfahrt.

Der seltene Gebrauch des Enjambements spricht beredt für den lyrischen Charakter des Grillparzerschen Verses. Wie Goethe faßt Grillparzer den einzelnen Vers mehr als ein abgeschlossenes, rhythmisches Ganzes auf und er sucht ihm Wohllaut zu verleihen. Wie sehr auch das Pathos der Leidenschaft den Strom der Rede hebt, ob er unruhig und beschleunigt dahinwogt oder langsamer, durch Unebenheiten und Härten aufgehalten, dahinzieht, das rhythmische Gesetz beherrscht alle seine Bewegungen. Wie Goethe bildet Grillparzer den fünffüßigen Jambus mit freier, wechselnder Cäsur. Meistens findet sich der Haupteinschnitt seines Verses auf oder hinter der zweiten und dritten Hebung. Z. B.:

"Du hast verwirkt der Dichtung holde Gaben!
Den Namen nicht entweihe mehr der Kunst!
Die Blume soll sie sein aus dieses Lebens Blättern,
Die hoch empor, der reinsten Kräfte Kind,
In blaue Luft das Balsamhaupt erhebt,
Den Sternen zu, nach denen sie gebildet — ..." (V 3. S. 231.)

---

[1] Es ist indes zu beachten, daß der Schauspieler nicht Verse — mit ihren Cäsuren und Pausen — deklamiert, sondern dem Gedanken gemäß vorträgt.

Auch cäsurlose Verse kommen vereinzelt vor, z. B. S. 201. Dort unter den gesenkten Augenlidern. Den Schmuck des Reimes, welchen Grillparzer sowohl in seinen ersten dramatischen Jugendversuchen wie auch in der „Ahnfrau" als Steigerungsmittel der pathetischen Wirkung mit dem Verse zu verweben liebt, hat er, vielleicht um den bloßen Verdacht eines Scheineffektes abzuwenden, in seiner „Sappho" verschmäht.

Die vollständige Abhandlung, von welcher die vorliegende Dissertation nur den ersten Teil umfaßt, erscheint in Buchform im Verlage von Ferdinand Schöningh in Paderborn.

Thesen,

welche zugleich mit der Dissertation:

Franz Grillparzers hellenische Trauerspiele,

auf ihre litterarischen Quellen und Vorbilder geprüft

Teil I: Sappho

mit

Genehmigung der Hohen Philosophischen Fakultät
der Kgl. Akademie zu Münster i. W.

zur

Erlangung der philosophischen Doktorwürde

am Montag, 22. Juni 1891, vormittags 11 Uhr

öffentlich verteidigen wird

Julius Schwering,
cand. phil.

—

Opponenten:

Dr. phil. **August Preising.**
Friedrich Korb, cand. phil.
Anton Bierschenk, cand. phil.

Paderborn.
Druck von Ferdinand Schöningh.
1891.

Lebenslauf.

Als Sohn des katholischen Kaufmanns Gottfried Schwering wurde ich, Franz Julius Schwering, am 14. Februar 1863 zu Ibbenbüren im Kreise Tecklenburg geboren, besuchte die Elementar- und Rektoratschule meiner Vaterstadt und seit 1878 das Gymnasium zu Rheine, welches ich Ostern 1880 mit dem Zeugnisse für die Prima verließ, um Kaufmann zu werden. Dann war ich bis zum Frühjahre 1883 in meinem elterlichen Hause und in Köln kaufmännisch thätig, nahm darauf meine Studien wieder auf und bestand im Sommer 1884 am Gymnasium zu Münster das Maturitätsexamen als Extraneer. Außer dem Sommersemester 1886, in welchem ich an der Universität in Heidelberg studierte und die Vorlesungen der Professoren Winkelmann und Kuno Fischer hörte, oblag ich germanistischen und historischen Studien an der Akademie zu Münster. Hierselbst besuchte ich die Vorlesungen des Herrn Geheimrats Professor Dr. Storck, der Herren Professoren Niehues, Lindner, Finke, Langen, Stahl, Hagemann und Spicker.

Allen meinen verehrten Herren Professoren, insbesondere Herrn Geheimrat Professor Dr. Storck, statte ich an dieser Stelle meinen wärmsten Dank ab.

Thesen.

1. Die Behauptung, daß Albert Lindner für seine Tragödie „Stauf und Welf" Grabbes „Kaiser Friedrich" in tadelnswerter Weise benutzt habe, ist nicht gerechtfertigt.
2. In Schillers „Glocke" ist die ursprüngliche Lesart: „In den öden Fensterhöhlen wohnt das Grauen" beizubehalten.
3. Den Stoff zu seinem Liede „Der Asra" („Täglich ging die wunderschöne Sultanstochter" ꝛc.) entnahm Heinrich Heine dem Werke »De l'amour« von Henri Beyle.
4. Heines Lied „Schöne Wiege meiner Leiden" ist zum größten Teile eine Zusammenstellung von Reminiscenzen aus Schillers Gedichten.
5. Erzbischof Engelbert der Heilige steht zur Veme, ihrer Entstehung und Ausbreitung, in gar keiner Beziehung.
6. Die neuerdings von einigen Historikern bekämpfte Ansicht, daß der Leichnam Karls des Großen auf einem goldenen Thronsessel sitzend in der Gruft zu Aachen von Otto III. aufgefunden sei, ist aufrecht zu halten.